本书受辽宁省社会科学规划基金项目"新型农业经营主体促进辽宁农业绿色发展研究"（项目号：L23CJY003)资助

国家"双一流"建设学科
辽宁大学应用经济学系列丛书
===== 青年学者系列 =====
总主编◎林木西

农村土地产权、农业生产方式与乡村振兴

Rural Land Property Rights, Production Mode of Agricultural and Rural Revitalization

李梓旗　著

中国财经出版传媒集团
经济科学出版社
·北京·

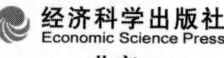

图书在版编目（CIP）数据

农村土地产权、农业生产方式与乡村振兴/李梓旗著．--北京：经济科学出版社，2024.3
（辽宁大学应用经济学系列丛书・青年学者系列）
ISBN 978-7-5218-5141-0

Ⅰ.①农… Ⅱ.①李… Ⅲ.①农村-土地产权-关系-社会主义建设-研究-中国②农业生产-生产方式-关系-农村-社会主义建设-研究-中国 Ⅳ.①F321.1 ②F325③F320.3

中国国家版本馆 CIP 数据核字（2023）第 175681 号

责任编辑：李一心
责任校对：齐　杰
责任印制：范　艳

农村土地产权、农业生产方式与乡村振兴

李梓旗　著

经济科学出版社出版、发行　新华书店经销
社址：北京市海淀区阜成路甲 28 号　邮编：100142
总编部电话：010-88191217　发行部电话：010-88191522
网址：www.esp.com.cn
电子邮箱：esp@esp.com.cn
天猫网店：经济科学出版社旗舰店
网址：http://jjkxcbs.tmall.com
北京季蜂印刷有限公司印装
710×1000　16 开　13.5 印张　195000 字
2024 年 3 月第 1 版　2024 年 3 月第 1 次印刷
ISBN 978-7-5218-5141-0　定价：56.00 元
(图书出现印装问题，本社负责调换。电话：010-88191545)
(版权所有　侵权必究　打击盗版　举报热线：010-88191661
QQ：2242791300　营销中心电话：010-88191537
电子邮箱：dbts@esp.com.cn)

总　序

本丛书为国家"双一流"建设学科"辽宁大学应用经济学"系列丛书，也是我主编的第三套系列丛书。前两套系列丛书出版后，总体看效果还可以：第一套是《国民经济学系列丛书》（2005年至今已出版13部），2011年被列入"十二五"国家重点出版物出版规划项目；第二套是《东北老工业基地全面振兴系列丛书》（共10部），在列入"十二五"国家重点出版物出版规划项目的同时，还被确定为2011年"十二五"国家重点出版规划400种精品项目（社会科学与人文科学155种），围绕这两套系列丛书取得了一系列成果，获得了一些奖项。

主编系列丛书从某种意义上说是"打造概念"。比如说第一套系列丛书也是全国第一套国民经济学系列丛书，主要为辽宁大学国民经济学国家重点学科"树立形象"；第二套则是在辽宁大学连续主持国家社会科学基金"八五"至"十一五"重大（点）项目，围绕东北（辽宁）老工业基地调整改造及全面振兴进行系统研究和滚动研究的基础上持续进行探索的结果，为促进我校区域经济学学科建设、服务地方经济社会发展做出贡献。在这一过程中，既出成果也带队伍、建平台、组团队，使得我校应用经济学学科建设不断跃上新台阶。

主编这套系列丛书旨在使辽宁大学应用经济学学科建设有一个更大的发展。辽宁大学应用经济学学科的历史说长不长、说短不短。早在1958年建校伊始，便设立了经济系、财税系、计统系等9个系，其中经济系由原东北财经学院的工业经济、农业经济、贸易经济三系合成，财税系和计统系即原东北财经学院的财信系、计统系。1959年院系调整，将经济系留在沈阳的辽宁大学，将财税系、计统系迁到大连组建辽宁财经学院（即现东北财经大学前身），将工业经济、农业经济、贸易经济三个专业的学生培养到毕业为止。由此形成了辽宁大学重点发展理论经济学（主要是政治经济学）、辽宁财经学院重点发展应用经济学的大体格局。实际上，后来辽宁大学也发展了应用经济学，东北财经大学也发展了理论经济学，发展得都不错。1978年，辽宁大学恢复招收工业经济本科生，1980年受中国人民银行总行委托、经教育部批准开始招收国际金融本科生，1984年辽宁大学在全国第一批成立了经济管理学院，增设计划统计、会计、保险、投资经济、国际贸易等本科专业。到20世纪90年代中期，辽宁大学已有外国经济思想史（后改为西方经济学）、国民经济计划与管理、企业管理、世界经济、金融学5个二级学科博士点，当时在全国同类院校似不多见。1998年，建立国家重点教学基地"辽宁大学国家经济学基础人才培养基地"。2000年，获批建设第二批教育部人文社会科学重点研究基地"辽宁大学比较经济体制研究中心"（2010年经教育部社会科学司批准更名为"转型国家经济政治研究中心"）；同年，在理论经济学一级学科博士点评审中名列全国第一。2003年，在应用经济学一级学科博士点评审中并列全国第一。2010年，新增金融、应用统计、税务、国际商务、保险等全国首批应用经济学类专业学位硕士点；2011年，获全国第一批统计学一级学科博士点，从而实现经济学、统计学一级学科博士点"大满贯"。

  在二级学科重点学科建设方面，1984年，外国经济思想史（即后来的西方经济学）和政治经济学被评为省级重点学科；1995年，西方经济学被评为省级重点学科，国民经济管理被确定为省级重点扶持学科；1997年，西方经济学、国际经济学、国民经济管理被评为省级重点学科和重点扶持学科；2002年、2007年国民经济学、世界经济连续两届被评为国家重点学科；2007年，金融学被评为国家重点学科。

  在应用经济学一级学科重点学科建设方面，2017年9月被教育部、财政部、国家发展和改革委员会确定为国家"双一流"建设学科，成为东北地区唯一一个经济学科国家"双一流"建设学科。这是我校继

1997年成为"211"工程重点建设高校20年之后学科建设的又一次重大跨越，也是辽宁大学经济学科三代人共同努力的结果。2022年2月继续入选第二轮国家"双一流"建设学科。此前，2008年被评为第一批一级学科省级重点学科，2009年被确定为辽宁省"提升高等学校核心竞争力特色学科建设工程"高水平重点学科，2014年被确定为辽宁省一流特色学科第一层次学科，2016年被辽宁省人民政府确定为省一流学科。

在"211"工程建设方面，"九五"立项的重点学科建设项目是"国民经济学与城市发展"和"世界经济与金融"，"十五"立项的重点学科建设项目是"辽宁城市经济"，"211"工程三期立项的重点学科建设项目是"东北老工业基地全面振兴"和"金融可持续协调发展理论与政策"，基本上是围绕国家重点学科和省级重点学科展开的。

经过多年的积淀与发展，辽宁大学应用经济学、理论经济学、统计学"三箭齐发"，国民经济学、世界经济、金融学国家重点学科"率先突破"，由"万人计划"领军人才、长江学者特聘教授领衔，中青年学术骨干梯次跟进，形成了一大批高水平学术成果，培养出一批又一批优秀人才，多次获得国家级教学和科研奖励，在服务东北老工业基地全面振兴等方面做出了积极贡献。

编写这套《辽宁大学应用经济学系列丛书》主要有三个目的：

一是促进应用经济学一流学科全面发展。以往辽宁大学应用经济学主要依托国民经济学和金融学国家重点学科和省级重点学科进行建设，取得了重要进展。这个"特色发展"的总体思路无疑是正确的。进入"十三五"时期，根据"双一流"建设需要，本学科确定了"区域经济学、产业经济学与东北振兴""世界经济、国际贸易学与东北亚合作""国民经济学与地方政府创新""金融学、财政学与区域发展""政治经济学与理论创新"五个学科方向。"十四五"时期，又进一步凝练为"中国国民经济学理论体系构建""区域经济高质量发展与东北振兴""国际贸易理论与东北亚经济合作"三个领域方向。因此，本套丛书旨在为实现这一目标提供更大的平台支持。

二是加快培养中青年骨干教师茁壮成长。目前，本学科已形成包括长江学者特聘教授，国家高层次人才特殊支持计划领军人才，全国先进工作者，"万人计划"教学名师，"万人计划"哲学社会科学领军人才，国务院学位委员会学科评议组成员，全国专业学位研究生教育指导委员会委员，文化名家暨"四个一批"人才，国家"百千万"人才工程入选者，国家级教学名师，全国模范教师，教育部新世纪优秀人才，教育部高等学校教学指导委员会主任委员、副主任委员、秘书长和委员，国家社会科学基金重大项目首席专家等在内的学科团队。本丛书设学术、青年学者、教材、智库四个子系列，重点出版中青年教师的学术著作，带动他们尽快脱颖而出，力争早日担纲学科建设。

三是在新时代东北全面振兴、全方位振兴中做出更大贡献。面对新形势、新任务、新考验，我们力争提供更多具有原创性的科研成果、具有较大影响的教学改革成果、具有更高决策咨询价值的智库成果。丛书的部分成果为中国智库索引来源智库"辽宁大学东北振兴研究中心"和省级重点新型智库研究成果，部分成果为国家社会科学基金项目、国家自然科学基金项目、教育部人文社会科学研究项目和其他省部级重点科研项目阶段研究成果，部分成果为财政部"十三五"规划教材，这些为东北振兴提供了有力的理论支撑和智力支持。

这套系列丛书的出版，得到了辽宁大学和中国财经出版传媒集团的大力支持。在丛书出版之际，谨向所有关心支持辽宁大学应用经济学建设与发展的各界朋友，向辛勤付出的学科团队成员表示衷心感谢！

林木西

2022 年 3 月

目　录

第一章　绪论 ·· 1

　　第一节　研究背景 ·· 1
　　第二节　研究意义 ·· 5
　　第三节　研究思路与研究内容 ···························· 6
　　第四节　研究方法与技术路线 ···························· 8
　　第五节　研究创新与不足之处 ··························· 11

第二章　文献综述 ··· 13

　　第一节　乡村振兴的基本内涵与指标体系构建 ··········· 13
　　第二节　农村土地产权、农业生产方式与乡村振兴 ······ 18
　　第三节　文献评述 ······································· 29

第三章　农村土地产权、农业生产方式与乡村振兴的理论分析框架 ·· 30

　　第一节　乡村振兴基本内涵的经济学解释 ··············· 30
　　第二节　农村土地产权、农业生产方式与乡村振兴之间的内在联系 ·· 40
　　第三节　农村土地产权、农业生产方式与乡村振兴的作用机制 ·· 46
　　第四节　本章小结 ······································· 58

第四章　农村土地"两权分离"、农业生产方式与乡村发展（1978～2013年） ……… 61

第一节　农村土地"两权分离"产权制度安排下农业生产方式的三个阶段 ……… 62

第二节　第一个阶段：农业劳动力"离土不离乡"背景下农村土地的小农户家庭自主经营（1978～1991年）……… 64

第三节　第二个阶段：农业劳动力"离土又离乡"与农村土地小规模流转背景下的小农户家庭自主经营（1992～2000年）……… 73

第四节　第三个阶段：农业劳动力"彻底性流出"与农村土地大规模流转背景下的小农户家庭自主经营与新型农业经营主体的土地规模经营并存（2001～2013年）……… 82

第五节　农业生产方式三个阶段乡村发展水平的动态变化 ……… 94

第六节　本章小结 ……… 103

第五章　农村土地"三权分置"、农业生产方式与乡村振兴（2014年至今） ……… 104

第一节　农村土地"三权分置"产权制度安排下的农业生产要素配置 ……… 104

第二节　农业生产要素配置基础上的农业生产方式演进方向：农村土地规模经营与服务规模经营协调发展 ……… 112

第三节　土地规模经营与服务规模经营协调发展农业生产方式下乡村发展现状 ……… 122

第四节　土地规模经营与服务规模经营协调发展农业生产方式面临的困境 ……… 128

第五节　本章小结 ……… 135

第六章　乡村振兴水平的测度及其动态变化 ……… 138

第一节　乡村振兴指标选取 ………………………… 138
第二节　乡村振兴的测度方法与数据来源 ………… 144
第三节　乡村振兴的评价结果与动态变化 ………… 147
第四节　本章小结 …………………………………… 151

第七章　农村土地产权、农业生产方式与乡村振兴之间关系的实证研究 …………… 153

第一节　计量模型设定 ……………………………… 153
第二节　变量选取与数据说明 ……………………… 156
第三节　实证回归结果分析 ………………………… 160
第四节　本章小结 …………………………………… 171

第八章　基本结论与政策建议 ……………………… 172

第一节　基本结论 …………………………………… 172
第二节　政策建议 …………………………………… 175

参考文献 ………………………………………………… 181

第一章

绪 论

本章是本书的总体概括，重点讨论本书写作的现实背景、研究意义、研究思路、研究内容、研究方法、技术路线以及研究创新和不足。

第一节 研究背景

"三农"问题是安民之基、治国之要。特别是新中国成立以来，"三农"问题就一直是党和国家工作的重中之重，经历了乡村的社会主义改造（1949~1978年）、以家庭联产承包责任制为基础展开的乡村建设试验（1978~2011年）和以乡村振兴为价值目标的乡村建设运动（2012年至今）三个阶段（李艳菲、张双双，2021）。2017年10月，习近平总书记在党的十九大报告中明确指出，中国特色社会主义进入新时代，我国社会主要矛盾已经由人民日益增长的物质文化需要与落后的社会生产之间的矛盾转化为人民日益增长的美好生活需要和不平衡不充分的发展之间的矛盾。城乡发展的不平衡与农村发展的不充分是我国不平衡不充分发展的基本体现，而乡村振兴战略的提出正是解决这一矛盾的重要举措（刘合光，2018）。实施乡村振兴战略是在坚持农业农村优先发展的前提下，按照产业兴旺、生态宜居、乡风文明、治理有效、生活富裕的总要求，通过建立健全城乡融合发展体制机制和政策体系，不断加快推进农业农村现代化。2022年10月，习近平总书记在党的二十大报告中再次强调要"全面推进乡村振兴"。但在城镇化水平不断提高的背景下，农村空心化、农业边缘化与农民老龄化问题不断凸显，在城市繁荣发展的同时乡村呈现出衰落现象，城乡发展不平衡势必影响到农业农村现代化目标的实现（项继权、周长友，2017；张强、张怀超、刘占芳，2018；唐任伍，2017）。

从农村空心化角度来看，空心化可以分为农民住宅的空心化和农村人口的空心化（李玉红、王皓，2020）。随着农村人口不断向城市转移，农村人口的空心化会在一定程度上导致农民住宅的空心化。因此，农民住宅的空心化与农村人口的空心化密切相关。从农村人口空心化角度来看，根据城镇常住人口与户籍常住人口数量进行计算得出，2020年农村人口空心化率是33.9%，利用农民工监测调查报告数据测度的农村平均人口空心化率范围在22%~37.05%之间（刘爱梅，2021）。农村人口空心化可分为轻度空心化、中度空心化和深度空心化，通过对第三次全国农业普查行政村普查抽样数据进行分析发现，轻度空心村、中度空心村和深度空心村数量分别为14823个、18962个和20660个，平均空心化率分别为2.25%、11.19%和36.14%。其中，深度空心村的比例占全部村庄的比例高达37.9%（李玉红、王皓，2020）。此外，农村人口空心村也呈现出区域差异性。陈有川、李鹏、马璇、杨婉婷（2018）在对山东省东部的青州市、中部的齐河县和西部的曹县的6个乡镇进行研究发现，齐河县的刘桥乡空心村比例高达68.3%，而曹县庄寨镇的空心村比例仅为4.4%，所调查的乡镇的平均空心化率为16.6%。王良健、陈坤秋、李宁慧（2018）通过对全国1995个县（市、旗）的农村人口空心化率进行测度发现：（1）随着时间的推移，农村人口空心化率呈现出上升趋势；（2）人口空心化指数高值主要位于胡焕庸线以东区域以及黑蒙北部，而低值主要位于胡焕庸线附近、滇藏南部以及川西地区。从农村住宅的空心化角度来看，2018年的农村住宅空心率平均为10.7%。此外，农村住宅空心率也呈现出区域差异性，空心化率从高到低依次为东部、西部、东北和中部（刘爱梅，2021）。

从农业边缘化角度来看，改革开放以来，农业增加值占 GDP 的比重整体表现为下降趋势（如图 1-1 所示），进而呈现出"边缘化"特征。具体来说，农业增加值占 GDP 的比重从 1978 年的 27.69% 下降到 2020 年的 7.7%。其中，比重最高（32.79%）的年份是 1982 年，比重最低（7.04%）的年份是 2018 年。从时间变化趋势来看，1979~1984 年间比重基本处于 30% 左右，1985~1992 年间比重处于 21.33%~27.93% 之间，1993~2008 年间比重处于 10.17%~19.6% 之间，2009~2020 年比重处于 7.04%~9.64% 之间。从发达国家经验来看，比重的不断下降是必然的趋势，2009 年比重首次低于 10% 也被认为是农业现代化加速的转折点（项继权、周长友，2017）。

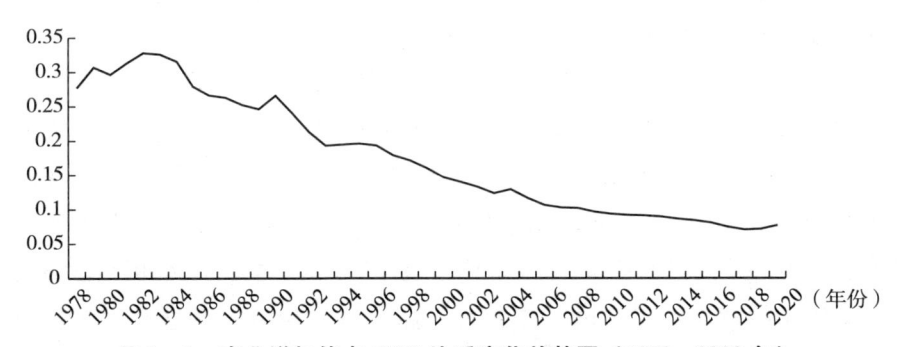

图 1-1　农业增加值占 GDP 比重变化趋势图（1978~2020 年）
资料来源：国家统计局网站。

国以民为本，民以食为天。习近平总书记多次强调"保障国家粮食安全是一个永恒课题"[①]，"中国人的饭碗任何时候都要牢牢端在自己手

[①] 中共中央党史和文献研究院. 习近平关于"三农"工作论述摘编 [M]. 北京：中共文献出版社，2019：70.

上"①,"我们的饭碗应该主要装中国粮"②。2021年,我国的粮食产量实现"十八连丰"。但据海关总署的数据显示,2021年粮食进口总量为16453.9万吨,同比增长18.1%,进口总量创下历史新高。中国是人口大国,因此实现中国人的饭碗主要装中国粮的关键在于不断推进我国的农业现代化水平,这也凸显了农业的基础性、保障性和关键性的作用。2020年1月初,新冠疫情对我国农业发展产生了诸多负面影响,特别是对冬小麦以及水稻等粮食作物产生了较大影响(蒋和平、杨东群、郭超然,2020)。当时国外新冠疫情大规模暴发,越南、哈萨克斯坦、塞尔维亚等一些主要粮食出口国陆续出台相关政策禁止粮食出口,其中越南是中国进口大米最多的国家。在贸易全球化背景下,联合国粮食及农业组织认为各国政府采取的这些措施可能会导致全球粮食和食品的短缺。面对复杂变化的国际形势,为应对当前我国农业边缘化困境,如何通过乡村振兴发展发挥好农业的压舱石作用至关重要。

从农民老龄化角度来看,随着工业化和城镇化水平的不断提高,越来越多的农村青壮年劳动力不断向城市转移,留在农村从事农业生产的农民呈现出老龄化趋势。通过对《中国人口和就业统计年鉴》(2020年)中2019年人口变动情况抽样调查数据进行估算可知,农村65岁以上老年人占总人口的比重为14.69%。农民劳动化在一定程度上影响农业现代化的发展。赵秋倩、沈金龙、夏显力(2020)通过对山东、河南、陕西、四川942户农民的调查数据进行分析发现,农民老龄化对农业技术推广服务存在显著的负向影响。

在农村空心化、农业边缘化和农民老龄化的背景下,实现乡村振兴的产业兴旺、生态宜居、乡风文明、治理有效和生活富裕的总要求面对诸多现实困境。具体来说,农村的产业发展面临着农业发展水平低、要素供给不足、产业单一以及三产融合度低等问题,不利于乡村的产业兴

---

① 中共中央党史和文献研究院. 习近平关于"三农"工作论述摘编[M]. 北京:中央文献出版社,2019:70.

② 中共中央党史和文献研究院. 习近平关于"三农"工作论述摘编[M]. 北京:中央文献出版社,2019:72.

旺（刘海洋，2018）。农村环境面临着生活垃圾处理不当、厕所卫生条件差、自来水供给不足等问题，不利于乡村的生态宜居（孔祥智，2018）。农村部分地区出现集体观念淡薄和拜金主义等乡风失范以及婚丧嫁娶中的陋习、赌博恶习和封建迷信等不良习俗泛滥的现象，不利于乡村的乡风文明建设（徐学庆，2018）。农村治理过程中也面临着人力资本流失导致的乡村治理主体缺失和农村基层组织运转效率低下问题，不利于乡村的有效治理，乡村的治理体系也难以适应国家治理现代化要求（左停、李卓，2019）。农民收入不高、增收渠道有限等影响农民的生活富裕程度。在农村产业发展动力不足、生态宜居环境基础薄弱、乡风文明程度低、治理有效水平有限、农民的生活富裕目标难以实现背景下，全面深入推进乡村振兴战略势在必行。

第二节 研究意义

从理论意义角度来看，乡村振兴战略的提出是马克思主义政治经济学在中国的创新发展，是中国特色社会主义政治经济学体系的重要组成部分，走具有中国特色社会主义乡村发展道路是全面推进乡村振兴战略的关键，如何实现乡村振兴战略的目标是理论界亟须解决的问题。本书一是在现有文献研究基础上，以我国农村发展过程中面临的新问题为背景，构建农村土地产权、农业生产方式与乡村振兴的政治经济学分析框架，阐释农村土地产权对乡村振兴的直接影响和农村土地产权通过农业生产方式对乡村振兴的间接影响。二是在农村土地产权与农业生产方式视角下，阐释乡村振兴战略产业兴旺、生态宜居、乡风文明、治理有效和生活富裕总要求的基本内涵，并运用纵横向拉开档次法对乡村振兴水平进行测度，明确乡村发展水平的变化趋势。三是采用双重差分方法（DID）验证农村土地产权对乡村振兴的直接影响，运用中介效应方法讨论农村土地产权通过农业生产方式对乡村振兴的间接影响。通过这些理论层面的讨论，并运用实证研究进行验证，有助于推动乡村振兴理论的研究进展，不断丰富和完善新时代中国特色社会主义政治经济学的"三农"理论，为深入推进乡村振兴战略的实施提供理论支撑。

从现实意义角度来看，在城市繁荣的同时乡村呈现出衰落现象的现实背景下，如何实现乡村的全面发展是新时代"三农"问题的重要议题。实施乡村振兴战略是实现乡村全面发展的重要举措。本书一是以农村土地产权、农业生产方式与乡村振兴的政治经济学理论分析框架为基础，考察农村土地"两权分离"和"三权分置"产权制度安排下农业生产方式的不同表现形式，以及乡村发展的动态变化，这有助于为乡村振兴战略的实施提供历史经验。二是从农村土地产权与农业生产方式视角出发构建包含28个指标的乡村振兴发展水平的评价体系，使其更加符合我国乡村发展的现实国情。三是运用纵横向拉开档次分析法更能有效测度乡村振兴发展水平的动态变化趋势，准确探究我国乡村发展的基本规律。据此研究农村土地产权对乡村振兴的直接影响，以及农村土地产权通过农业生产方式对乡村振兴的间接影响，有利于明确三者之间的影响机制，解决我国乡村振兴发展过程中所面临的现实困难，进而全面推进乡村振兴战略的实施，具有非常重要的现实意义。

第三节 研究思路与研究内容

一、研究思路

针对当前农村发展现状，为了更好地推进乡村振兴战略的实施，本书首先在回顾和梳理总结国内外相关文献的基础上，厘清乡村振兴战略产业兴旺、生态宜居、乡风文明、治理有效和生活富裕总要求的经济学内涵，并进一步构建农村土地产权、农业生产方式与乡村振兴之间关系的理论分析框架。其次，以理论分析框架为基础，讨论农村土地"两权分离"和"三权分置"产权制度安排下农业生产方式的不同表现形式、不同农业生产方式下的乡村振兴发展水平的动态变化，以及当前农村土地"三权分置"产权制度安排下农业生产方式变革中所面临的现实困境。再次，在构建乡村振兴评价指标体系基础上对我国乡村振兴发展水平进行测度并分析其动态变化，然后运用2006~2020年间30个省份的经验数据并采取计量方法对农村土地产权、农业生产方式与乡村振兴之间的理论逻辑关系进行实证检验。最后，对本书进行全面总结并提出有针对性的对策建议。

二、研究内容

第一章是绪论。本章是全文总论，具体包括写作的现实背景、理论意义和现实意义、研究思路与研究内容、研究方法与技术路线、研究创新与不足之处。

第二章是文献综述。本章全面、深入、细致地梳理了关于乡村振兴战略的基本内涵、乡村振兴的指标体系构建与测度方法、农村土地产权制度安排对乡村振兴的直接影响、农村土地产权通过农业生产方式间接影响乡村振兴的研究文献，并在此基础上提出本书的分析视角和研究贡献。

第三章是农村土地产权、农业生产方式与乡村振兴的理论分析框架。本章从三个方面展开讨论：一是从农村土地产权与农业生产方式视角下界定乡村振兴的基本内涵，在明确其基本内涵基础上进一步讨论农村土地产权与农业生产方式影响乡村振兴的内在逻辑；二是讨论农村土地产权、农业生产方式与乡村振兴之间的内在联系；三是分析农村土地产权、农业生产方式与乡村振兴之间的作用机制，重点讨论农村土地产权对乡村振兴的直接影响和农村土地产权通过农业生产方式对乡村振兴的间接影响。

第四章是农村土地"两权分离"、农业生产方式与乡村发展（1978~2013年）。本章主要是以农村土地产权、农业生产方式与乡村振兴的理论分析框架为基础，重点梳理了农村土地"两权分离"产权制度安排下农业生产方式的三个不同阶段，以及这些不同阶段的农业生产方式下乡村发展的现状。

第五章是农村土地"三权分置"、农业生产方式与乡村振兴（2014年至今）。本章同样以农村土地产权、农业生产方式与乡村振兴分析框架为基础，讨论农村土地"三权分置"背景下农业生产方式的基本形式，以及这一农业生产方式背景下乡村振兴发展现状，并剖析这一过程中农业生产方式所面临的现实困境。

第六章是乡村振兴水平的测度及其动态变化。本章主要包括以下内容：一是构建乡村振兴的指标体系；二是介绍乡村振兴测度的方法、数据来源以及测度的结果；三是讨论乡村振兴水平的评价结果以及动态变化趋势。

第七章是农村土地产权、农业生产方式与乡村振兴之间关系的实证研究。主要是对第三章提出的农村土地产权、农业生产方式与乡村振兴的理论分析框架进行实证检验。本章主要包括以下几个方面的内容：一是采用多期DID方法验证农村土地产权对乡村振兴的直接影响；二是采用中介效应模型验证农村土地产权通过农业生产方式对乡村振兴产生间接影响，并进一步通过稳健性检验证实结论的稳健性。

第八章是基本结论与政策建议。本章主要是从理论层面、实践层面和实证层面对全书进行梳理和总结，并从做好推动农业生产方式变革的顶层设计、有序推动农村土地流转、畅通城乡人口流动渠道、多元化农业资金来源与多举措推动农业技术应用等角度提出推动农业生产方式变革的对策建议，进而不断提升乡村振兴发展水平。

第四节　研究方法与技术路线

本书的研究方法主要包括以下三个方面。

一是文献归纳与理论阐述相结合的方法。全面系统地梳理和归纳乡村振兴战略研究的已有文献，在借鉴已有研究的有益之处和讨论既有成果不足的基础上，厘清乡村振兴的基本内涵，提出农村土地产权对乡村振兴的直接影响和农村土地产权通过农业生产方式对乡村振兴的间接影响两条作用机制。在间接影响作用机制下，阐释农村土地产权制度安排是农业生产方式变革的核心，不同的农村土地产权制度安排下会呈现出不同的农业生产方式，而农业生产方式又是乡村振兴发展的关键，不同的农业生产方式对乡村的振兴发展产生不同的影响，进而构建农村土地产权、农业生产方式与乡村振兴的理论分析框架。

二是逻辑与历史相结合的方法。逻辑研究方法是指从简单逐步上升到复杂的、具体的经济关系和经济理论范畴来阐明经济现象和经济过程。历史研究方法是指按照历史的发展过程把握经济现象和经济过程运动规律的方法。农村土地产权、农业生产方式与乡村振兴理论分析框架构建的过程就是基于从简单到复杂的逻辑思维推理方法。运用农村土地产权、农业生产方式与乡村振兴理论分析框架对1978年以来的乡村发展过程进行分析体现出了历史的研究方法。

三是理论与实证相结合的方法。以乡村振兴基本内涵理论分析为基础，基于产业兴旺、生态宜居、乡风文明、治理有效和生活富裕5个方面构建包含28个指标的乡村振兴指标体系，并运用纵横向拉开档次法对乡村振兴水平以及动态变化进行测度和讨论。在此基础上，运用双重差分方法和中介效应模型验证农村土地产权、农业生产方式与乡村振兴之间的作用机制，即农村土地产权对乡村振兴的直接影响和农村土地产权通过农业生产方式对乡村振兴的间接影响，并进一步通过安慰剂检验、分位数回归、区域异质性分析、替代变量和滞后变量等方式验证了以上两点结论的稳健性。

本书的技术路线如图1-2所示。

10 // 农村土地产权、农业生产方式与乡村振兴

```
                    农村土地产权、农业生产方式与乡村振兴

     ( 研究思路 )          ( 研究内容 )           ( 研究方法 )

            第一章 绪论：背景、意义、思路、内容、方法、技术路线、创新与不足

  ┌文献┐    ┌第二章 文献综述┐   ①乡村振兴的基本内涵与指标体系构建；   ┌归纳┐
  │综述│ →  │              │   ②农村土地产权、农业生产方式与乡村     │与理│
  └────┘    └──────────────┘    振兴之间的关系；                    │论阐│
                                 ③文献评述                           │述相│
                                                                     │结合│
                                                                     └────┘
  ┌理论┐    ┌第三章 农村土地┐   ①乡村振兴基本内涵的经济学解释；
  │层面│ →  │产权、农业生产方│   ②农村土地产权、农业生产方式与乡村振兴之间的
  └────┘    │式与乡村振兴的理│    内在联系；
            │论分析框架      │   ③农村土地产权、农业生产方式与乡村振兴的作用机制
            └──────────────┘

            ┌第四章 农村土地┐   ①农村土地"两权分离"产权制度安排下农业生产方式
            │"两权分离"、农业│    的三个阶段；
            │生产方式与乡村发│   ②第一个阶段（1978~1991年）；
            │展（1978~2013年）│  ③第二个阶段（1992~2000年）；         ┌逻辑┐
            └──────────────┘   ④第三个阶段（2001~2013年）；         │与历│
  ┌实践┐                        ⑤农业生产方式三个阶段乡村发展现状     │史相│
  │层面│ →                                                           │结合│
  └────┘                                                              └────┘
            ┌第五章 农村土地┐   ①农村土地"三权分置"产权制度安排下的农业
            │"三权分置"、农 │    生产要素配置；
            │业生产方式与乡村│   ②农业生产要素配置基础上的农业生产方式演进方向：
            │振兴（2014年至今）│  农村土地规模经营与服务规模经营协调发展；
            └──────────────┘   ③土地规模经营与服务规模经营协调发展农业生产
                                 方式下乡村发展现状；
                                ④土地规模经营与服务规模经营协调发展农业生产
                                 方式面临的困境

            ┌第六章 乡村振兴┐   ①乡村振兴指标选取；
            │水平的测度及其动│   ②乡村振兴的测度方法与数据来源；       ┌理论┐
            │态变化          │   ③乡村振兴的评价结果与动态变化         │与实│
  ┌实证┐    └──────────────┘                                          │证相│
  │层面│ →                                                            │结合│
  └────┘    ┌第七章 农村土地┐                                         └────┘
            │产权、农业生产方│   ①计量模型设定；
            │式与乡村振兴之间│   ②变量选取与数据说明；
            │关系的实证研究  │   ③实证回归结果分析（基本回归+稳健性检验）
            └──────────────┘

                        第八章 基本结论与政策建议
```

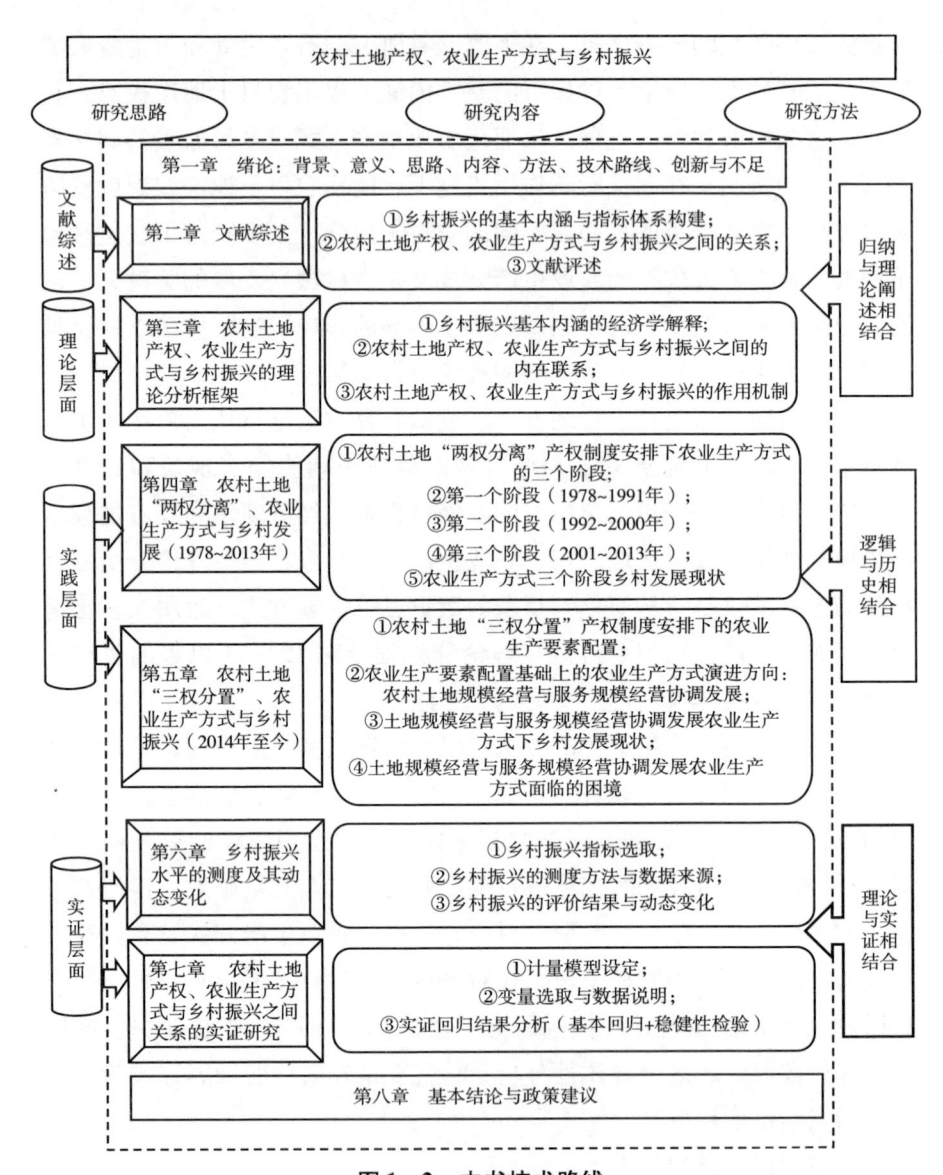

图 1-2 本书技术路线

第五节 研究创新与不足之处

本书对农村土地产权、农业生产方式与乡村振兴三者之间的关系通过理论层面、实践层面和实证层面展开了全面、深入和系统的研究，创新之处主要体现在以下三个方面。

一是研究视角创新。现有文献更多讨论农村土地产权或者农村生产方式对乡村振兴的影响，缺少关于三者之间关系的深入讨论。本书将农村土地产权、农业生产方式与乡村振兴纳入统一的分析框架内展开研究。在农村土地产权与农业生产方式视角下厘清乡村振兴的基本内涵，在此基础上论述农村土地产权、农业生产方式与乡村振兴三者之间的内在联系，创新性地构建农村土地产权、农业生产方式与乡村振兴的理论分析框架，不断丰富和完善新时代中国特色社会主义政治经济学的"三农"理论，为深入推进乡村振兴战略提供新视角。

二是研究内容创新。将农村土地产权、农业生产方式与乡村振兴之间的作用机制分为两个方面：第一，农村土地产权对乡村振兴产生直接影响；第二，农村土地产权通过农业生产方式对乡村振兴发展产生间接影响。本书重点讨论了间接影响机制，并进一步阐释了农村土地产权通过发挥资源配置功能、激励和约束功能、收入分配功能优化土地配置、劳动配置、资本配置和技术配置进而影响农业生产方式，农业生产方式又通过提高农业生产效率、转变生产生活方式、提升精神生活需求、集聚乡村人力资本以及多元化收入渠道促进乡村振兴。此外，本书还以农村土地产权、农业生产方式与乡村振兴的理论框架为基础，系统梳理了农村土地"两权分离"和"三权分置"产权制度安排下农业生产方式的不同表现形式，以及这些农业生产方式下乡村发展的现状，进而为当前乡村振兴战略的实施提供经验借鉴。

三是研究方法创新。与现有文献更多用主成分分析法、层次分析法、因子分析法等方法对乡村振兴水平进行测度相比，本书采取的纵横向拉开档次法是基于时序立体数据的一种动态综合评价方法,能够体现出截面数据的时间趋势,不受主观因素影响,从而能在最大限度上体现待评价对象之间的差异,进而更好地对乡村振兴水平及其动态变化进行测度和讨论。

虽然本书有上述的创新之处,但仍然存在诸多不足之处,主要体现在以下两个方面:一是实施乡村振兴战略是一项全局性、历史性的长期而艰巨的任务,乡村振兴是包括产业振兴、人才振兴、文化振兴、生态振兴、组织振兴的庞大且复杂的体系,但本书重点从农村土地产权与农业生产方式转变角度展开研究,这可能也会导致本书对乡村振兴的讨论缺乏全面性。二是限于数据的可获得性等原因,本书只能从宏观数据层面对农村土地产权、农业生产方式与乡村振兴之间的关系进行计量检验,并未从微观数据层面展开讨论,这也是本研究以后要重点关注的方向。

第二章

文 献 综 述

自党的十九大报告中首次提出实施乡村振兴战略以来,经济学界围绕乡村振兴战略展开了广泛的讨论。结合本书研究主题,本章重点围绕以下几个方面对已有文献进行梳理总结:(1)乡村振兴的基本内涵与指标体系构建。围绕产业兴旺、生态宜居、乡风文明、治理有效和生活富裕的总要求讨论乡村振兴的基本内涵,并从研究对象和测度方法两个角度梳理乡村振兴指标体系的构建。(2)农村土地产权、农业生产方式与乡村振兴之间的关系。主要包括农村土地产权对乡村振兴的直接影响,农村土地产权对农业生产方式的影响以及农业生产方式对乡村振兴的影响等方面的研究文献。本章在综述以上几个方面文献的基础上,全面借鉴现有文献的有益内容,并讨论已有研究的不足,进而提出本书的分析框架和研究思路。

第一节 乡村振兴的基本内涵与指标体系构建

一、乡村振兴的基本内涵

习近平总书记在党的十九大报中首次提出乡村振兴战略,并且这一战略与科教兴国战略、人才强国战略、创新驱动发展战略、区域协调发展战略、可持续发展战略、军民融合发展战略共同被写入党章。党和国家一直将"三农"问题作为全党工作的重中之重。乡村振兴的最终目标是实现农业农村现代化（韩长赋，2019；陈冬仿、桂玉，2020；魏后凯，2021）。产业兴旺、生态宜居、乡风文明、治理有效、生活富裕总要求是农业农村发展到新阶段新任务新要求的基本体现（廖彩荣、陈美球，2017）。因此，诸多文献从乡村振兴总要求的角度探讨乡村振兴的基本内涵。

（1）关于产业兴旺内涵的研究。产业兴旺是实施乡村振兴战略的首要任务（姜长云，2018；彭晓旭、张慧慧，2022）。朱启臻（2018）认为，产业兴旺是乡村产业多元化发展的总体表现，具有产业构成的多样性、产业内容的综合性和产业要素的整体性特征，并可以从产业链延伸、产业融合和产业功能扩展三个维度来归纳产业兴旺的构成。高帆（2019）在总结产业兴旺四重含义的基础上提出了四个维度视角的解读，具体包括：一是农村产业要素具有与其他产业大致持平的要素回报率；二是农村产业的创新贡献度或全要素生产率在持续提高；三是农业内部的产品结构更能契合居民变动的消费结构；四是农村产业融合形成了对城乡居民消费需求的新供给体系。

（2）关于生态宜居内涵的研究。生态宜居是乡村振兴的关键（何仁伟，2018）。孔祥智、卢洋啸（2019）认为应该厘清"生态"和"宜居"的基本含义以及二者之间的辩证关系，并在此基础上明确生态宜居的基本内涵。其中，"生态"和"宜居"反映了自然生态与人文生态共生共融和人类生存的本性诉求与愉悦居住的统一。因此，他们认为生态宜居是乡村生态与乡村宜居的有机统一。孔祥智（2018）也提出生态宜居是自然生态环境与人文生态环境的有机统一。具体包括自然环境优美、人文环境舒适和基础设施齐全三个方面。有学者以乡村振兴战略为背景提出美丽乡村规划的理念和策略，并以四川省西充县凤鸣镇双龙桥村为例，为乡村生态宜居提供经验借鉴（Zeng, Zhao & Cheng, 2021）。生态宜居是乡村振兴的保障（何仁伟，2018）。

(3) 关于乡风文明内涵的研究。朱启臻（2017）认为新时代乡风文明有两层含义：一是传统与现代之间的融合；二是乡村文化与城市文化的融合。徐学庆（2018）指出，乡风是指农民观念、礼节、习惯、风俗等诸多行为，乡风文明就是体现在农民行为上的一种进步状态。刘欢、韩广富（2021）系统梳理了中国共产党推进乡风文明建设的百年历程：共经历了"新民主主义革命时期根据地的乡风文明建设""社会主义革命和建设时期的乡风文明建设""改革开放以来到新时代的乡风文明建设""新时代以来的乡风文明建设"几个阶段。其中，新时代乡风文明的内容主要包括文明村镇、婚育新风、移风易俗、文化传承等几个方面。

(4) 关于治理有效内涵的研究。治理有效是乡村振兴的基础（左停、李卓，2019）。胡红霞、包雯娟（2018）指出，与社会主义新农村建设中"管理民主"中的"管理"相比，治理有效中的"治理"更强调治理的过程、治理过程的协调、治理领域的广泛（公共领域与私人部门）和治理的互动性等问题。张洁（2020）指出"治理有效"有两层含义：一是"治理"，它强调治理主体和如何治理问题；二是"有效"，它强调"有效"标准和治理目标问题。

(5) 关于生活富裕内涵的研究。生活富裕是乡村振兴的根本（雷若欣，2018）。张洁（2020）指出"生活富裕"主要有三个层次的含义：一是衡量标准层面，即农民美好生活的衡量标准是生活富裕；二是实现途径层面，即生活富裕的实现途径是农民实现"富裕"和"美好"的方式；三是基本表现层面，即农民收入水平的提高、乡村的脱贫致富以及经济水平的富裕是生活富裕的基本表现。

二、乡村振兴的指标体系构建的研究对象与测度方法

已有研究主要以产业兴旺、生态宜居、乡风文明、治理有效和生活富裕总要求为基础构建乡村振兴的指标体系，并运用统计方法进行测度。本部分主要从乡村振兴指标体系构建的研究对象和测度方法两个方

面进行梳理和总结。

(一) 研究对象视角

从乡村振兴指标体系研究对象角度来看，主要包括以下两个方面。

1. 以产业兴旺、生态宜居、乡风文明、治理有效和生活富裕为基础开展全国、区域或者省域层面的研究

(1) 全国或者区域层面的研究。闫周府、吴方卫（2019）通过构建 5 个一级指标、21 个二级指标和 43 个三级指标，估算全国以及各个省份的乡村发展水平。张挺、李闽榕、徐艳梅（2018）构建了包含 5 个二级指标、15 个三级指标和 44 个四级指标的乡村振兴评价体系，并利用河南、湖北、四川、内蒙古、山东、陕西、山西、广东、贵州、河北和重庆 11 个省份 35 个行政村的 972 份问卷进行了乡村发展评价。徐腊梅、马树才、李亮（2018）采用 5 个一级指标、20 个二级指标，并利用 2015 年数据测度乡村发展水平。他们发现，东中西部乡村发展水平呈现出差异性，并呈现出空间相关性特征。贾晋、李雪峰、申云（2018）采用 5 个一级指标、19 个二级指标、35 个三级指标对乡村发展水平进行分析，他们根据测算的乡村发展指数将 30 个省份划分为 4 个不同梯队。吕承超、崔悦（2021）构建包含 5 个一级指标和 45 个二级指标的乡村振兴评价体系，并对 2010~2018 年的 30 个省份的乡村振兴发展水平进行评价。他们发现，东部地区、中部地区、东北地区和西部地区的乡村振兴发展水平存在较大差异。郭翔宇、胡月（2020）在乡村振兴总要求的基础上增加了"农业农村优先发展与城乡融合程度"指标，进而构建了包含 6 个一级指标、21 个二级指标、55 个三级指标的乡村振兴评价体系，这有利于对全国以及各地区的乡村发展水平进行测度。

(2) 省域层面的研究。韦家华、连漪（2018）较早地以乡村振兴五个方面的总要求为基础进行乡村振兴指标系统的构建，并利用广西壮族自治区荔浦县的数据进行了具体分析。浙江省统计局课题组（2019）通过构建 5 个一级指标和 34 个二级指标对浙江省的乡村振兴发展水平

进行了研究，并重点讨论了浙江乡村振兴的评价方法。刘瑾、李振、张仲、孟庆庄（2021）构建包括5个一级指标、18个二级指标和66个三级指标的指标体系对四川省21个市的乡村振兴发展情况进行研究发现，各地区的乡村发展水平存在较大差距，并按照发展水平将其分为5个梯队。杨阿维、李昕、叶晓芳（2021）通过构建包括1个一级指标、5个二级指标、14个三级指标、46个四级指标的评价体系对西藏的乡村发展水平进行分析，他们认为产业兴旺和治理有效是西藏乡村发展的主要影响因素，而生态宜居则是其发展的重要动力因素。费绍金、陆海霞、纪燕霞、虞冰（2021）通过构建5个一级指标和26个二级指标讨论了江苏省的乡村振兴发展水平，为江苏省的乡村振兴发展提供建议参考。屈楠楠、郭文强、武赛龙（2021）在乡村振兴总要求5个一级指标的基础上，筛选了25个二级指标对新疆的乡村振兴水平进行了测度。

2. 对乡村振兴总要求某一个或某几个层面的研究

申云、陈慧、陈晓娟、胡婷婷（2020）对30个省份的乡村产业振兴发展水平进行了测度和比较研究。他们发现，不同区域的乡村产业发展水平存在一定差异，发展水平从高到低依次为：东部地区—东北地区、中部地区—西部地区。陈玉鑫、刘冰、邓祥征、张帆（2021）以辽宁省清原县的村庄为例，对乡村振兴发展的脆弱性问题进行了探讨。蔡雪雄、苏小凤、许安心（2021）从乡村的生产、生活和生态三个方面对福建省55个县城的生态宜居水平进行了评价。他们发现，不同地区的乡村宜居发展水平存在较大差距，呈现出一种不均衡的发展状态。申云、李京蓉（2020）对全国30个省份的生活富裕水平进行了研究，他们根据测算水平的不同将不同地区划分为生活富裕水平高、较高、中等和较低四种。

（二）测度方法视角

主成分分析法、层次分析法（AHP法）、因子分析法等是现有文献测度乡村振兴水平的重要方法（闫周府、吴方卫，2019；杨阿维、李昕、叶晓芳，2021；徐腊梅、马树才、李亮，2018）。其中，主成分分析法主要是将原来的指标进行重新组合并形成一组新的互相无关的几个综合指标，并根据实际需要从中进行选择来更多体现原来指标所包含的信息（巴吾尔江、董彦斌、孙慧、张其，2012；周洋、侯淑婧、宗科，2018）。层次分析法是美国运筹学家萨蒂（Satty）于20世纪70年代提出的，该方法主要是将多目标的复杂决策问题当成一个整体系统，然后将整体系统分解为多个目标、准则和方案的层次，最后用定性与定量的方法计算不同层次的单排序和总排序（邓雪、李家铭、曾浩健、陈俊羊、赵俊峰，2012）。因子分析法是心理学家查尔斯·斯皮尔曼（Chakes Spearman）于1904年提出的，该方法主要是通过显示变量来测评潜在变量，其基本思路是将多个指标用少数几个潜在指标的线性组合来表示（郭岩、陈文斌，2021）。从本质上来讲，这几种方法都是研究如何将多指标的问题转化为较少指标的重要统计方法，但这些方法之间也存在诸多不同之处（王芳，2003；林海明、林敏子，2004）。

不同方法在测度乡村振兴时的关键是指标体系中不同指标权重的计算方法，专家打分法是一种常见的指标权重确定方法（张挺、李闽榕、徐艳梅，2018），但专家打分法具有一定的主观性进而影响到乡村振兴水平测度。因此，诸多文献采用熵权法来确定指标的权重，这种方法是通过对比同一指标不同观测值之间的差异程度来客观确定指标权重的一种方法（刘瑾、李振、张仲、孟庆庄，2021）。进一步地，诸多学者使用熵权 TOPSIS 法（赵明华、郑元文，2013；申云、陈慧、陈晓娟、胡婷婷，2020；申云、李京蓉，2020；贾晋、李雪峰、申云，2018；Liu, Gong & Gong, 2022）、时空极差熵值法（陈亚军，2022；吕承超、崔悦，2021）等方法在时间和空间上确定评价指标的权重并对乡村振兴水平进行排序。

第二节　农村土地产权、农业生产方式与乡村振兴

现有文献围绕农村土地产权、农业生产方式与乡村振兴三者之间关

系的研究主要体现在以下两个方面：（1）农村土地产权对乡村振兴的直接影响；（2）农村土地产权对农业生产方式的影响，以及农业生产方式对乡村振兴的影响。

一、农村土地产权与乡村振兴

现有文献主要从宏观层面讨论农村土地产权对乡村振兴的直接影响。土地是农业最基本的生产要素和农民最重要的生存保障，农村土地产权制度安排是坚持农业农村优先发展，建立健全城乡融合发展的体制机制和政策体系，也是实现乡村振兴战略目标的前提基础和关键一环（陈美球、廖彩荣、刘桃菊，2018；杜伟、黄敏，2018）。资源、资产、资本的多重属性（倪维秋，2018）和地理位置的固定性与面积的有限性使得农村土地产权对乡村振兴的影响机制具有独特性，农村土地产权安排通过土地利用效率与公平之间的协调、政府与市场之间的协同、凝聚农民与社会稳定等方面影响乡村振兴（陈美球、刘桃菊，2020）。农村土地产权的权利配置差异对乡村振兴也将产生不同影响。姚树荣、赵茜宇、曹文强（2022）在明确土地发展权内涵的基础上，利用浙江、河南、四川和云南的707份农户调查数据进行研究发现：（1）土地发展权配置与乡村振兴之间存在显著的正相关关系。与没有土地发展权配置相比，有土地发展权配置的乡村振兴水平更高。（2）土地发展权配置模式可分为转移型、保留型和拓展型。不同的土地发展权配置模式对乡村振兴的产业兴旺、生态宜居、乡风文明、治理有效和生活富裕产生差异性的影响。从产业兴旺角度来看，与拓展型和转移型相比，保留型影响更大；从生态宜居角度来看，保留型和转移型的影响大于拓展型；从乡风文明角度来看，转移型影响大于保留型和拓展型；从治理有效角度来看，拓展型的影响大于转移型和保留型；从生活富裕角度来看，转移型对生活富裕的影响不显著，拓展型对生活富裕的影响程度高于保留型。

如何加大乡村振兴的土地制度供给引起了学者的广泛关注（刘守

英、熊雪锋，2018）。坚持以系统性思维推进农村土地使用制度的创新，激发制度活力是推进乡村振兴的关键和保障（陈美球、廖彩荣、刘桃菊，2018；陈美球、刘桃菊，2020；文丰安，2022）。要在坚持农村土地集体所有、稳定农户承包权和放活土地经营权的基础上，不断推进和完善农村土地"三权分置"制度（张红宇，2018）。要将农村土地产权的各项权能的内涵和外延具体落到权利主体实处，激发小农户的长期投资意愿（黄季焜、冀县卿，2012），适当平衡农村集体和农民之间的土地权利关系，赋予村集体适当的土地调控权（王海娟、胡守庚，2019），并在符合土地利用空间规划的前提下，推动农村土地资源的市场化配置，进一步促进农村土地流转，不断提高农村土地的利用效率（冒佩华、徐骥、贺小丹、周亚虹，2015；钱忠好、牟燕，2020；陈斌开、马宁宁、王丹利，2020；严金明、蔡大伟、夏方舟，2022）。在不同的经济社会发展阶段，土地利用呈现出不同的特征，土地利用形态应与乡村振兴之间相适应（龙花楼、屠爽爽，2018）。因此，应科学编制农村土地的利用规划，完善乡村产业用地供给制度，为乡村振兴用地提供土地保障（陈美球、廖彩荣、刘桃菊，2019）。

二、农村土地产权、农业生产方式与乡村振兴

现有文献围绕农村土地产权、农业生产方式与乡村振兴之间的关系的研究主要体现在两个方面：（1）农村土地产权制度安排如何影响农业生产方式；（2）农业生产方式如何影响乡村振兴。

（一）农村土地产权与农业生产方式

改革开放初期，以农村土地所有权归集体所有、承包经营权归农民所有为基础的家庭联产承包责任制有效调动了农民从事农业生产的积极性（张广辉、方达，2018），并推动乡村的快速发展。但随着城镇化和工业化水平的不断提高，大量的农业劳动力不断向城市转移，农村土地"两权分离"产权制度安排下小农户的分散细碎化经营以及农地产权模

糊性问题导致农村土地出现撂荒和农业生产率的下降（吴晓婷、杨锦秀、曾建霞，2021；熊柴、蔡继明、刘媛，2021）。因此，通过农村土地产权制度改革与确权能够有效提高农业生产效率（杨春华，2018）。从影响机制角度来看，农村土地产权制度改革与确权通过影响农村土地流转，而农村土地的流转又进一步推动农业生产方式的变革。

1. 农村土地产权制度改革与确权对农村土地流转的影响

主要存在以下几种观点：（1）农村土地确权对农村土地流转具有负向影响。蔡洁、夏显力（2017）利用关中—天水经济区622户农户的微观调查数据进行实证研究发现，由于禀赋效应以及农村土地财产权的不完整使得确权对土地流转产生负向影响。（2）农村土地产权制度改革与确权对农村土地流转具有正向影响。"公平"与"效率"是我国农村土地制度改革的主线，但不同经济发展时期的土地制度有不同的政策目标。自21世纪以来，"三权分置"产权制度安排和确权政策的目标是促进农村土地流转（罗玉辉，2020；朱冬亮，2020）。

从实证研究角度的文献来看，不同学者根据不同数据和计量方法都得到了"三权分置"产权制度安排和确权政策与农村土地流转之间存在正相关关系的结论。何东伟、张广财（2019）和程令国、张晔、刘志彪（2016）利用中国健康与养老追踪调查（CHARLS）数据进行实证研究发现，农村土地确权能够显著促进农村土地的流转。具体来说，农户参与土地流转的可能性、平均土地流转量和土地租金率分别提高了4.9%、0.37亩和43.3%。与家庭贫困的农户相比，家庭富裕的农户呈现出土地流转意愿更低和土地流转规模更小的特征。李江一（2020）和杨广亮、王军辉（2022）采用不同年份的中国家庭金融调查（CHFS）数据也验证了农村土地确权与农村土地流转之间的正相关关系。李江一（2020）采用双重差分方法进行研究还发现，农村土地确权能够使得农户流出土地的概率提高4.2%，但对农户流入土地的影响不显著。此外，他还得出以下结论：农村土地确权对市场化土地流出有显著促进作用，而对非市场化土地流出无显著影响。还有一些学者通过微观实地调研数据展开研究，但也同样得到了"三权分置"改革与确权能够显著促进农村土地流转的结论。吴晓婷、杨锦秀、曾建霞（2021）利用四川省426户的调查数据进行研究发现，农村土地"确权"要与"三权分置"改革相配合才能更有效地促进农村土地的流转，而且平原地区、丘陵地区和山区存在区位差异影响。王士海、王秀丽（2018）基于山东省117个县的1390份问卷进行实证研究发现，农村土地确权通过强化农户土地产权强度影响到农户的长期土地流转决策，但这种影响在短期内并不显著（王士海、王秀丽，2018）。彭开丽（2020）利用湖北省672户农户的微观调研数据，从行为态度、知觉行为控制和流转决策三个方面讨论了农村土地"三权分置"产权制度安排下农户流转土地的影响因素。

从现实案例研究文献来看，不同地区"三权分置"改革与确权政策对农村土地流转的促进作用也得到了实践验证。广东省清远市阳山县采取"确地界到村组、确面积到农户"和"先置换整合后确权"土地确权模式有力地促进了农村土地的流转（谭砚文、曾华盛，2017）。在农村土地"三权分置"产权改革背景下，中部C县采用"农户+村社"双主体模式有效促进了农村土地的大规模流转（陶自祥，2019）。

2. 农村土地流转与农业生产方式变革

现有文献更多验证了农村土地"三权分置"产权制度改革和确权政策对农村土地流转的促进作用，而农村土地流转也将进一步带动农业生产方式的变革。现有文献关于农村土地流转背景下的农业生产方式变革的讨论主要包括以下三种：农村土地规模经营、农业服务规模经营以及二者的协调发展。

（1）农村土地规模经营农业生产方式的讨论。自20世纪80年代以来，农村土地规模经营就在实践中不断被探索（杨俊，2016；仇童伟、罗必良，2018a）。一些学者认为土地规模经营能够提高土地产出率，是实现农业现代化的重要路径（杨春华，2018）。限于经营能力以及监督成本等诸多因素的影响，农村土地规模强调适度性（倪国华、蔡昉，2015；陈杰、苏群，2017；范乔希、邵景安、应寿英，2018），而效率和收入被认为是确定土地适度规模经营的两个尺度（郭庆海，2014）。

在农村土地"三权分置"产权制度改革背景下,落实集体所有权和稳定农户承包权基础上的放活土地经营权以及农村土地承包经营权确权有助于农村土地流转,进而推动家庭农场、农民合作社以及农业企业等新型农业经营主体的发展壮大(张广辉、方达,2018;王士海、王秀丽,2018)。农村土地流转基础上的新型农业经营主体构成了各类适度规模经营的新型集体经济组织形式。与传统集体经济相比,这些新型集体经济组织形式在组织理念、组织形态、运行机制以及利益分配等诸多方面存在显著差异(赵意焕,2021)。梅米特(Mehmet,2021)利用土耳其第三大农业区的数据进行实证研究也发现,农村土地变量显著影响农民是否加入合作社。稳定农村土地产权与加快农村土地流转能够有效提高家庭农场的绩效,这在中国 10 个省份的住户调查数据中得到了验证(Wang et al.,2021)。

(2)农业服务规模经营农业生产方式的讨论。农村土地流转形成的规模经营能够在一定程度上解决土地分散所导致的利用效率低下问题(许庆、尹荣梁、章辉,2011)。但其会受到土地稳定性、家庭特征、融资能力(赵金国、岳书铭,2017)、非农就业水平与质量(许庆、陆钰凤,2018)、流转收益分配(王敬尧、王承禹,2018)等诸多因素的影响,导致土地流转意愿并不高,而且流转更多发生在小农户之间,农村土地的规模经营并未真正形成(仇童伟、罗必良,2018b)。从国际经验角度来看,土地规模经营并不能带来农业生产率水平的提高,二者之间还呈现出负相关特征(刘守英、王瑞民,2019)。因此,在不过度强调农村土地流转的前提下,以农业生产环节外包为特征的服务规模化经营被认为是提高我国农业现代化水平的可行途径(张露、罗必良,2018;孔祥智,2018)。农村土地"三权分置"有利于促进农业生产托管等农业社会化服务体系的构建,并以此为基础带动农村集体经济的发展壮大(何自力、顾惠民,2022)。

(3)土地规模经营和服务规模经营统一框架下农业生产方式的讨论。一些学者认为土地规模经营和服务规模经营之间是相互联系和相互依存的关系(胡凌啸,2018)。已有文献更多从小农户的农业生产决策方面对土地规模经营和服务规模经营的相互关系进行研究。一方面，在农村土地"三权分置"产权制度安排与确权政策下，农村劳动力大规模向城市转移为土地规模经营提供了现实可能性，同时也导致了农业生产劳动力的短缺，在外部市场雇佣劳动力成本高、监督难、风险大的背景下，购买农业服务成为小农户可行的选择（胡新艳、王梦婷、吴小立，2018）。另一方面，以大规模机械化作业为特征的农业服务规模经营必须依托土地的集中连片，这也意味着土地规模经营是服务规模经营的基本前提（胡凌啸，2018），这又与小农户的土地流转意愿密切相关，而农户的土地流转意愿又受到农村土地产权制度安排的影响。进一步地，农业社会化服务对土地规模经营的正向影响也在实证研究中得到验证。其中杨子、饶芳萍、诸培新（2019）利用2016年中国家庭追踪调查（CFPS）的数据研究发现，农业社会化服务通过缓解小农户的劳动力和技术约束来促进小农户扩大土地经营面积。李宁、周琦宇、汪险生（2020）利用2015年"中国小微企业调查"数据研究发现，农业社会化服务对农业企业和农民合作社等新型农业经营主体扩大土地规模经营具有正向影响。

（二）农业生产方式与乡村振兴

农村土地产权制度决定了农业生产方式的变革，而农业生产方式的变化又进一步影响到乡村振兴发展。产业兴旺、生态宜居、乡风文明、治理有效与生活富裕构成了乡村振兴的基本内涵，但现有文献中关于农业生产方式对乡村振兴的影响主要集中在产业兴旺、生态宜居和生活富裕方面，对乡风文明、治理有效的讨论较少。

1. 农业生产方式对产业兴旺影响的讨论

农村土地"三权分置"改革与确权能够提高农户的投资水平（孙琳琳、杨浩、郑海涛，2020），并促进专业大户、家庭农场、农民合作社以及农业企业等各类新型农业经营主体的发展壮大，引导各类现代农业生产要素进入农村，进而推动农业生产方式的转变（张广辉、方达，2018；洪银兴、王荣，2019），这些新型农业经营主体不仅能够带动小农户进入农业现代化轨道来提高农业生产效率（Liu，Yang & Wen，2019；Kuang，Yang & Abate，2022；Zhang，Sun & Huang，2018），还有助于延伸涉农生产链进而带动乡村产业发展（阮荣平、曹冰雪、周佩、郑风田，2017）。林等（Lin et al.，2022）利用 2014~2018 年间中国村庄的调查数据进行研究发现，农民加入合作社有利于提高水稻的全要素生产率。有学者（Zhou et al.，2020）利用中国 31 个省份合作社数据进行实证研究发现，农民合作社的技术创新效率对中国的农村经济发展具有积极的促进作用。格扎赫根等（Gezahegn et al.，2019）利用埃塞俄比亚农民合作社的数据进行实证研究发现，与小规模农民合作社相比，大规模的农民合作社有更高的成本。此外，农村三产融合（农村第一产业、第二产业和第三产业）是实现乡村产业兴旺目标的主要途径（陈学云、程长明，2018；Han et al.，2021），这些新型农业经营主体是推动农村三产融合的主体，农业产业内部整合型融合、农业产业链的延伸型融合、农业与其他产业的交叉型融合和先进技术对农业的渗透型融合构成了农村三产融合的基本模式（赵霞、韩一军、姜楠，2017）。但新型农业经营主体促进乡村产业发展过程中可能会损害小农户的利益，只有采取小农户家庭经营和新型农业经营主体共同发展相结合的方式，并在二者之间建立稳定的合约关系和利益联结机制，才能有力促进农村三产融合，进而推动乡村产业的振兴发展（赵晓峰、赵祥云，2018；王乐君、寇广增、王斯烈，2019；张建雷、席莹，2019）。进一步地，应不断加强新型农业经营主体的信息化发展（阮荣平、周佩、郑风田，2017；Wang & Huang，2018），以及政府在新型农业经营主体发展乡村产业过程中的引导作用，发挥新型农业经营主体在现代农业的不同环节和层面的差异化功能（张红宇，2018）。

2. 农业生产方式对生态宜居影响的讨论

农村土地"三权分置"改革与确权背景下各类新型农业经营主体的发展使得农业生产方式发生转变，并进一步通过农业绿色生产行为对乡村生态宜居产生影响（Xie et al.，2021）。家庭农场是新型农业经营主体的主要形式，人力资本、物质资本、经济资本和社会资本水平的提高能够显著提高家庭农场的绿色生产行为,这已在利用山东省388家家庭农场数据进行的研究中得到了验证(赵晓颖、郑军、张明月,2022)。农业社会化服务主体的发展壮大为小农户购买农业服务提供了现实可能,并进一步促进农户采用亲环境的农业技术,但不同环节的农业社会化服务对农户采取亲环境行为有着差异化的影响。具体来说,施肥和施药等农业社会化服务能够影响农户采用施肥和治理病虫害的亲环境技术,而整理地块、插秧、收割等对农户的亲环境技术采用影响不显著(卢华、陈仪静、胡浩、耿献辉,2021)。农民合作社也是推动农业绿色发展的重要组织形式(陈吉平、任大鹏,2023;Candemir, Duvaleix & Latruffe, 2021),从湖北省和贵州省的调研数据来看,农户的农业绿色生产意识水平要高于绿色生产形式,而加入农民合作社则是推动农民绿色生产意识向绿色生产行为转变的可行途径(龚继红、何存毅、曾凡益,2019)。李等(Li et al., 2021)利用四川省623户水稻生产农户的调查数据进行实证研究发现,不参与农民合作社的成员绿色控制技术的使用将减少74.491%,人工除草的应用将减少38.768%,有机肥投入将减少23.448%。此外,各类新型农业经营主体中的土地是否处于分散化状态对农业绿色生产行为也具有重要影响。梁志会、张露、张俊飚(2020)通过对湖北省水稻主产区的1314户调研数据进行研究发现,如果流入的土地呈现出分散化特征,那么土地规模经营并不能带来化肥施用量的降低。只有当流入的土地连片,才能实现土地规模经营推动化肥施用量降低的目标。

  农村土地托管是农户从农业社会化服务组织购买服务的基本形式。曹铁毅、周佳宁、邹伟(2022)利用江苏省526户水稻种植户数据进行实证研究发现,土地托管通过机械替代和技术引进途径能够降低亩均化肥的投入量,但更多是影响受教育程度较高的农户以及规模户,而对人力资本水平较低的小农户则没有显著影响。但张露、杨高第、李红莉(2022)利用湖北省水稻生产板块10个县的调研数据进行研究发现,与规模户相比,土地托管对小农户的化肥减量效应更为显著,这也在一定程度上意味着农业技术的推广有利于农民的技术采纳水平(Gao et al.,

2020）。进一步地，李琪、李凯（2022）通过对山东省小麦种植户的调查数据进行研究发现，农户更倾向于从有村集体介入的托管组织购买机械和农资服务，而且不同的农户对绿色托管服务的形式也有着差异化的偏好。具体来说，劳动力充足或者老龄化的农户更倾向于选择"菜单式"托管形式，而规模农户或者有较高兼业程度的农户更倾向于选择"保姆式"托管形式。此外，孙小燕、刘雍（2019）利用河南、山东、安徽、河北、江苏等省份的 1126 份农户调研数据进行研究发现，土地托管能够促进有绿色生产意愿的农户从事绿色生产，并进一步带动没有绿色生产意愿的托管农户进行绿色生产。因此，以农村土地托管推进农业绿色生产转型是实现乡村生态宜居的重要途径（朱俊峰、邓远远，2022）。

3. 农业生产方式对生活富裕影响的讨论

农民收入水平的提升是生活富裕的重要体现（卢泓钢、郑家喜、陈池波，2021）。如前文所述，农村土地"三权分置"改革与确权背景下农业生产方式的变革主要体现在新型农业经营主体的发展壮大，而新型农业经营主体的发展具有显著的收入效应和就业效应（鲁钊阳，2016），并对农村的减贫具有积极的影响，但不同类型的新型农业经营主体的减贫作用存在差异性（夏玉莲、匡远配，2022）。进一步地，新型农业经营主体的收入效应也呈现出区域差异性。鲁钊阳（2016）通过对西部 10 省份 2703 份问卷进行实证研究发现，与民族地区相比，非民族地区新型农业经营主体发展的收入效应和就业效应更强。

小农户与新型农业经营主体并存是当前农业生产方式的基本形式（张建雷、席莹，2019）。农村土地"三权分置"改革或者确权政策对小农户的收入水平也将产生重要影响，进而影响生活富裕水平。杨子、马贤磊、诸培新、马东（2017）利用中国家庭追踪调查（CFPS）数据进行实证研究发现，农村土地流转显著提高了小农户家庭的整体收入水平，使得家庭人均总收入上升 18.18%，农业收入水平上升 72.46%。冒佩华、徐骥（2015）利用"CERC/MoA 中国农村居民问卷调查数据库"中河南、吉林、山东、江西、四川和广东 6 个省份的微观数据进行研究发现，从平均意义上来讲，农村土地流转能够使得任意样本的农户的收入增加19%，流转土地农户收入增加33%。有学者利用中国15个省份396个农民的数据进行反事实分析发现，加入农民合作社和采纳农业技术的农民的收入水平分别提高了2.77%和2.35%（Yang et al.，2021）。有学者利用巴基斯坦小麦种植户的数据进行实证研究发现，加入合作社和采用改良农业技术种植者的农业收入分别提高了5.45%和4.51%（Khan et al.，2022）。有学者利用卢旺达的数据进行研究发现，加入合作社能够减少贫困进而增加农民收入水平，大规模农场和偏远地区的影响更为显著（Verhofstadt & Maertens, 2015）。有学者利用埃塞俄比亚北部的合作社数据进行研究发现，灌溉合作社有利于提高农民收入、减少贫困（Gezahegn et al., 2021；Biggeri et al., 2018）。因此，加强灌溉等农业公共基础设施建设具有重要意义，这在我国河北省99个家庭农场的研究中得到验证（Li, Nanseki & Takeuchi, 2012）。有学者利用2006年和2015年斯洛伐克的农场数据进行实证研究发现，农场成立时间与农场成员之间有着显著关联（Michalek, Ciaian & Pokrivcak, 2018）。此外，管理水平是影响农民合作社绩效的重要原因，这在奥地利、德国和意大利北部的实证研究中得到验证，并且其还会进一步影响农民的收入（Fanasch & Frick, 2018）。但对柬埔寨蔬菜合作社的研究中发现，农民加入合作社并未带来收入水平的提高（Ofori, Sampson & Vipham, 2019）。

进一步地，农村土地流转对土地转入户和转出户的收入增长效应存在差异。郭君平、曲颂、夏英、吕开宇（2018）利用山东、江苏、河南、吉林、浙江和黑龙江6个省份1604户调研数据进行研究发现，农村土地流转能够显著提高土地流入户的收入水平，对农村土地流出户则没有显著影响，同时这种影响也存在区域差异性和收入阶层差异性。但陈飞、翟伟娟（2015）利用中国家庭追踪调查数据（CFPS）进行研究发现，土地流入和流出都能显著提高农户的收入水平。此外，通过采用甘肃、广西、贵州、湖北、湖南、陕西、四川、云南、山东、河南、安徽、江苏、黑龙江等地区农户调研数据和中国健康与养老追踪调查

(CHARLS)数据进行实证研究发现,农村土地流转或者确权对农民的经营性收入、工资性收入、财产性收入和转移性收入等不同类型收入产生差异性的影响(钱忠好、王兴稳,2016;穆娜娜、孔祥智、钟真,2016;宁静、殷浩栋、汪三贵,2018;许彩华、余劲,2020;刘淑云、韩家彬,2021)。其中,工资性收入水平的提升与农村土地产权制度改革和确权背景下农业劳动力流动密切相关(韩家彬、刘淑云,2019;黄宇虹、樊纲治,2020;史常亮、张益,2022)。

第三节 文献评述

已有文献围绕乡村振兴的基本内涵与指标体系构建、农村土地产权与乡村振兴、农村土地产权与农业生产方式,以及农业生产方式与乡村振兴等方面展开了全面而深入的研究,为本书的研究提供了坚实基础。但现有文献仍存在以下一些不足,需要进一步进行拓展分析:一是现有文献很少将农村土地产权、农业生产方式与乡村振兴纳入统一分析框架进行研究,并构建包含三者之间内在联系的理论分析框架;二是已有研究较少对改革开放以来的农村土地产权、农业生产方式与乡村振兴之间关系进行系统梳理;三是已有文献对乡村振兴的评价方法中较少考察省级截面数据的时间变化趋势,缺乏对农村土地产权、农业生产方式与乡村振兴之间关系的实证研究。以上三个方面可能存在的不足有待于进一步深入研究与论证。

第三章

农村土地产权、农业生产方式与乡村振兴的理论分析框架

本章构建农村土地产权、农业生产方式与乡村振兴三者之间的理论分析框架，主要包括以下三方面：一是从农村土地产权与农业生产方式视角界定乡村振兴的基本内涵；二是讨论农村土地产权、农业生产方式与乡村振兴之间的内在联系；三是分析农村土地产权、农业生产方式与乡村振兴三者之间的作用机制，主要包括农村土地产权对乡村振兴的直接影响和农村土地产权通过农业生产方式对乡村振兴的间接影响两个方面。

第一节 乡村振兴基本内涵的经济学解释

乡村振兴战略的提出是基于我国乡村建设路径探索的历史延续。自20世纪20年代以来，我国乡村建设先后经历了以土地革命为核心的乡村建设阶段、以城乡分割政策下农村集体化与合作化的社会主义改造为核心的乡村建设阶段、以家庭联产承包责任制改革为核心的乡村建设阶段、以"生产发展、生活宽裕、乡风文明、村容整洁、管理民主"为主要内容的社会主义新农村建设阶段（张海鹏、郜亮亮、闫坤，2018），以及以"产业兴旺、生态宜居、乡风文明、治理有效、生活富

裕"为总要求的乡村振兴阶段。特别地，诸多学者都认为乡村振兴战略是社会主义新农村建设的升级版（李周，2018；李长学，2018）。与社会主义新农村建设相比，乡村振兴战略有七大转变：一是城乡一体化向农业农村优先发展的转变；二是从农业现代化向农业农村现代化的转变；三是从"生产发展"向"产业兴旺"的转变；四是从"生活宽裕"向"生活富裕"的转变；五是从"乡风文明"向新的"乡风文明"的转变；六是从"村容整洁"向"生态宜居"的转变；七是从"管理民主"向"治理有效"的转变（蒋永穆，2018），这种转变不仅是字面表述上的调整，更是内涵的深化过程（叶兴庆，2018）。

党的十九大报告中提出"产业兴旺、生态宜居、乡风文明、治理有效、生活富裕"是实施乡村振兴战略的总要求，乡村振兴的基本内涵十分丰富，已有研究主要从这五个方面构建乡村振兴的评价指标和体系来体现乡村振兴的基本内涵（张挺、李闽榕、徐艳梅，2018；韦家华、连漪，2018；闫周府、吴方卫，2019；蔡雪雄、苏小凤、许安心，2021）。同样，本书也主要从这五个方面对乡村振兴的基本内涵进行界定，但本书与现有文献有以下两点不同：（1）从农村土地产权与农业生产方式视角下阐释乡村振兴总要求的经济学内涵；（2）农村土地产权制度安排与农业生产方式被认为是乡村振兴发展的基础和前提（张晓山，2017），农村土地产权直接或者间接通过农业生产方式影响的乡村振兴发展。因此，本书主要是在农村土地产权与农业生产方式视角下讨论产业兴旺、生态宜居、乡风文明、治理有效与生活富裕总要求，进而明确乡村振兴的基本内涵。

一、产业兴旺的经济学解释

从马克思主义政治经济学角度来看，乡村产业发展表现为物质资料的生产，这是人类社会存在和发展的基本前提，表现为人与自然界间的物质变换过程。人类改造自然界的能力取决于生产力发展水平的高低。劳动者的劳动、劳动资料和劳动对象构成了生产力的基本要素

（张彤玉、张桂文，2009）。人类改造自然界进行物质资料的生产不是个人孤立完成的，在社会生产活动中必然会形成人与人之间的关系，这也构成了物质资料生产借以实现的社会形式，即生产关系。生产力和生产关系是物质资料社会生产的两个方面，二者之间是辩证统一的关系。生产力决定生产关系，生产关系反作用于生产力。生产力与生产关系的矛盾运动推动着物质资料的生产和再生产，进而影响到乡村产业发展水平。

从现实角度来看，产业兴旺是乡村振兴的基本前提，应以农业为中心拓展多种产业发展，夯实农业综合生产能力，稳定农产品产量，提高农产品质量，增强农业竞争力，保障国家粮食安全，最终稳住农业基本盘。具体来说，可从数量层面、效率层面和安全层面三个维度测度产业兴旺水平。从数量层面来看，主要体现在农作物种植面积以及农业产出水平方面。农作物种植面积越大、农业产出水平越高，在一定程度上意味着乡村的产业发展水平越高。从效率层面来看，主要体现在农业生产要素的利用效率方面，特别是农村土地和农业劳动力的产出效率。农业生产要素的利用效率水平越高，越有利于带动乡村产业发展水平的提升。从安全层面来看，主要体现在粮食安全方面。习近平总书记多次强调"中国人的饭碗任何时候都要牢牢端在自己手上"。[①] 近年来，我国粮食产量稳步增长，2021年已实现"十八连丰"。但同时我们也应认识到，我国粮食供求关系仍处于紧平衡状态，粮食安全这根弦一刻也不能松。面对当前复杂多变的国际政治局势与经济发展态势，抓好粮食和重要农产品稳产保供，牢牢守住保障国家粮食安全的底线，是稳住农业基本盘、实现经济高质量发展、保障社会稳定和维护国家安全的重要基础。因此，粮食安全是乡村产业发展的基本要求。产业兴旺的基本内涵如图3-1所示。

---

① 中共中央党史和文献研究院. 习近平关于"三农"工作论述摘编 [M]. 北京：中央文献出版社，2019：70.

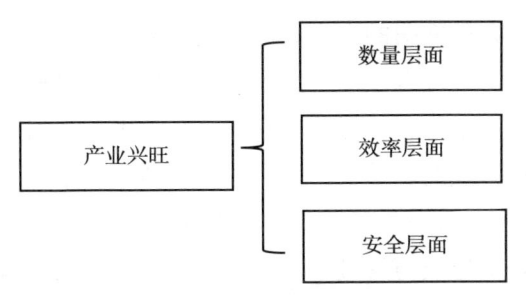

图 3-1　产业兴旺的基本内涵

二、生态宜居的经济学解释

从马克思主义政治经济学角度来看，马克思、恩格斯关于"生态"思想的讨论是乡村振兴生态宜居要求的主要理论基础，但马克思、恩格斯并未直接提出过"生态"思想，这些思想分散在马克思、恩格斯的一系列著作中。通过梳理马克思、恩格斯经典文本，将马克思、恩格斯关于生态思想的发展历程分为以下几个阶段（杜秀娟，2008）：（1）第一阶段为生态思想的萌芽时期。早在中学时代，马克思就开始讨论人和动物对待自然问题上的不同。到了大学时代，马克思在博士论文中又进一步深化了人与自然环境之间的关系。与马克思不同，恩格斯的生态思想更多来源于他对工人阶级生活的关注以及对资本主义制度的批判。马克思和恩格斯在这一阶段中的思考为生态思想体系的建构提供了基础。（2）第二阶段为生态思想的形成时期。马克思、恩格斯在他们独著或合著的《1844年经济学哲学手稿》《关于费尔巴哈的提纲》《神圣家族》《德意志意识形态》《英国工人阶级状况》等一系列著作中逐渐形成了生态思想体系，他们从唯物主义角度讨论了人与自然、人类生存环境以及人与社会环境之间的关系。（3）第三阶段为生态思想的成熟时期。在这一阶段中，马克思、恩格斯分别在《资本论》《反杜林论》《自然辩证法》中从唯物主义自然观和唯物主义历史观的角度进一步完善和深化生态思想。（4）第四阶段为生态思想的发展时期。马克思、恩格斯晚年在人类学笔记以及哲学思考中对生态思想做了进一步的发展,重点讨论了人类文明的生态起源以及生态地理环境在人类文明形成和发展中的影响。经过以上四个阶段,马克思、恩格斯关于生态思想的内容和分析体系不断完善、深化和发展。马克思、恩格斯是在揭示和批判资本主义生产方式的基础上,强调人与自然的和谐和可持续发展。具体来说,"资本主义农业的任何进步,都不仅是掠夺劳动力的技巧的进步,而且是掠夺土地技巧的进步,在一定时期内提高土地肥力的任何进步,同时也是破坏土地肥力持久源泉的进步"[1],马克思在论述资本主义城乡关系中强调了城乡对立使得土地肥力难以循环,导致人与自然之间的冲突,进而引发生态危机。

自1921年中国共产党成立以来,生态文明思想在新民主主义革命时期、社会主义革命和建设时期、改革开放和社会主义现代化建设时期,以及中国特色社会主义新时代等实践过程中不断丰富、发展和完善(田鹤、郭巍,2021)。特别是进入中国特色社会主义新时代,习近平生态文明思想在目标内涵、价值取向、动力源泉、发展要求方面不断丰富、发展和本土化马克思主义生态观(周晓敏、杨先农,2016)。

马克思、恩格斯关于生态思想的讨论包含着对工业文明的批判和反思,进而使得生态文明建设成为马克思主义的内在要求和社会主义的根本属性(黄志斌、任雪萍,2008)。近年来,乡村发展过程中生态环境也受到破坏,乡村振兴战略提出的"生态宜居"要求是基于乡村发展现状的需要,也是习近平生态文明思想的重要组成部分。乡村的产业发展不应以破坏生态环境为代价,在乡村振兴发展过程中"既要绿水青山,也要金山银山",要强调人与自然的和谐共生,并注重公平分享的价值取向,要提倡生态经济的大力发展(周宏春、江晓,2019)。

从现实角度来看,生态宜居是乡村振兴的基本要求,生态与宜居是辩证统一的关系,强调自然环境的优美、人文环境的舒适和农村基础设施的齐全(孔祥智,2018),最终实现乡村的生态宜居。具体来说,可从环境层面、低碳层面和宜居层面三个维度测度生态宜居水平。从环境

---

[1] 马克思恩格斯全集(第23卷)[M]. 北京:人民出版社,1972:552-553.

层面来看，自然环境优美是良好乡村生态体系的重要体现，自然环境的优美度代表着不同的生态宜居水平。从低碳层面来看，农业生产方式的转变以及农民生活方式中的低碳行为是提高生态宜居水平的重要影响因素。从宜居层面来看，农村基础设施以及相关配套措施的完善是生态宜居的根本要求。生态宜居的基本内涵如图3-2所示。

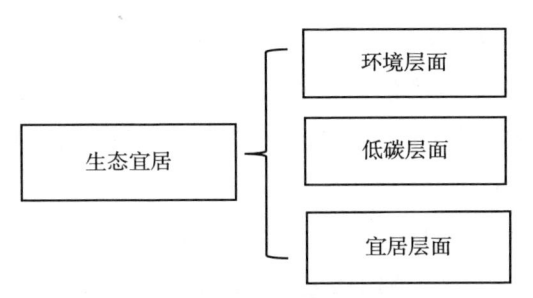

图3-2 生态宜居的基本内涵

三、乡风文明的经济学解释

从马克思主义政治经济学角度来看，马克思、恩格斯关于精神生产思想的讨论是乡村振兴乡风文明要求的主要理论基础。精神生产是马克思全面生产理论的重要组成部分，精神生产思想的产生主要经历了四个阶段（周力辉，2012）：（1）第一阶段是精神生产理论的萌芽时期（1843~1844年）。马克思在《黑格尔法哲学批判》《1844年经济学哲学手稿》等代表著作中对黑格尔唯心主义哲学进行了批判，在此基础上逐渐形成了唯物主义哲学观，同时马克思关于精神生产理论的思想也相伴出现。（2）第二阶段是精神生产理论的基本形成时期（1845~1848年）。在这一阶段中，马克思在《关于费尔巴哈的提纲》《德意志意识形态》《哲学的贫困》《共产党宣言》等著作中不断明确精神生产的基本内涵，并全面、系统地阐述了精神生产的产生、发展及未来变化趋势，进而逐渐构建出精神生产理论的基本分析框架。（3）第三阶段是精神生产理论的完善时期（1849~1883年）。马克思在这一阶段主要通过《〈政治经济学批判〉导言》《政治经济学批判》《资本论》等一系列著作不断完善精神生产理论，并对精神生产和物质生产、精神消费之间的关系进行了详细的阐述。(4) 第四阶段是精神生产理论的不断丰富时期（1884~1895年）。这一阶段恩格斯在《路德维希·费尔巴哈和德国古典哲学的终结》《家庭、私有制和国家的起源》等著作中不断对精神生产理论进行补充，进一步丰富了精神生产理论。在马克思和恩格斯构建精神生产理论体系的过程中，精神生产的基本内涵也逐渐明晰。马克思在《1844年经济学哲学手稿》中指出，"宗教、家庭、国家、法、道德、科学、艺术等等，都不过是生产的一些特殊的方式，并且受生产的普遍规律的支配"①，这对精神生产的范围作出了大概的规定。马克思和恩格斯在《德意志意识形态》中将精神生产明确为"思想、观念、意识的生产"②。他们还进一步指出："思想、观念、意识的生产最初是直接与人们的物质活动，与人们的物质交往，与现实生活的语言交织在一起的。人们的想象、思维、精神交往在这里还是人们物质行动的直接产物。③" 因此，他们认为，物质生产决定精神生产，精神生产受到物质生产的制约。同时，精神生产也反作用于物质生产。但马克思也指出，"关于艺术，大家知道，它的一定的繁盛时期绝不是同社会的一般发展成比例的，因而也绝不是同仿佛是社会组织的骨骼的物质基础的一般发展成比例的"④ "在艺术本身的领域内，某些有重大意义的艺术形式只有在艺术发展的不发达阶段上才是可能的"⑤，这也意味着物质生产和精神生产之间存在着不平衡性，这种不平衡性可能更多表现为历史发展的偶然性。但这种不平衡性同样符合物质生产决定精神生产的规律。

---

① 马克思.1844年经济学哲学手稿[M].中共中央马克思恩格斯列宁斯大林著作编译局，译.北京：人民出版社，2014：78.
②③ 马克思，恩格斯.德意志意识形态（节选本）[M].中共中央马克思恩格斯列宁斯大林著作编译局，译.北京：人民出版社，2018：16.
④ 马克思恩格斯全集（第2卷）[M].北京：人出出版社，1995：112.
⑤ 马克恩恩格斯全集（第12卷）[M].北京：人民出版社，1995：761.

从乡村振兴发展角度来看，精神生产更多表现为乡风文明。具体来说，乡风文明是乡村振兴的基本体现，要弘扬优秀的传统农耕文化，倡导现代文明理念与良好生活方式，培育文明乡风、良好家风、淳朴民风，健全农村公共文化服务体系，最终提升乡村文明水平（蒋永穆，2018）。具体来说，可从文明创建、公共教育和文娱支出三个维度测度乡风文明水平（闫周府、吴方卫，2019）。从文明创建角度来看，乡村文化机构是提升农民文明程度的重要场所，一个地区的文化场所越多，对乡风文明的积极影响就越大。从公共教育角度来看，中小学教育师资水平和完善的乡村基础设施更有利于形成良好的乡风和更高的文明程度。从文娱支出角度来看，农民的文娱支出水平越高，说明他们有越多的闲暇时间投入精神文明建设，进一步带动乡风文明水平的提升。乡风文明的基本内涵如图3-3所示。

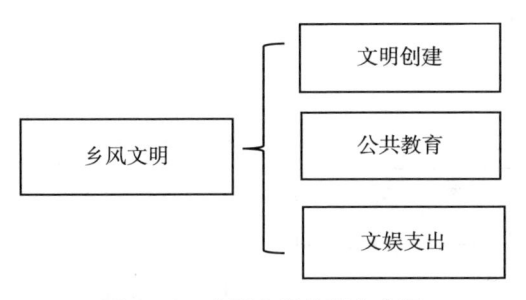

图3-3 乡风文明的基本内涵

四、治理有效的经济学解释

从马克思主义政治经济学角度来看，马克思、恩格斯关于社会管理的思想是乡村振兴治理有效要求的理论基础（高林，2021）。从马克思、恩格斯社会管理思想角度来看，他们认为社会管理在坚持维护社会的公平正义和实现人的自由全面发展过程中发挥着重要的作用，国家是社会管理的重要主体，市民社会是社会管理的自主主体，人民是社会管理的参与主体。中国共产党人在继承马克思主义乡村治理思想和传承中国传统乡村治理思想精髓的基础上,探索出了具有中国特色的乡村治理体系(郭秀兰,2021)。进入新时代以来,乡村治理始终紧扣乡村现代化的治理目标,充分发挥各类治理主体的作用,紧紧抓住乡村治理现代化的各类矛盾,不断深化治理方式改革(丁志刚、王杰,2019)。

从现实角度来看,治理有效是乡村振兴的基本保障,在自治、法治、德治相结合的基础上完善的治理体系是乡村治理有效的基础,并推动乡村各项事业的稳步发展。具体来说,治理有效可以从自治、法治、德治的治理体系建设和治理效果两个维度来测度。从治理体系建设角度来看,法治和德治以自治为基础,自治和德治以法治为前提,自治和法治以德治为支撑。"三治结合"的水平越高,越能提高乡村治理的有效程度。从乡村治理效果角度来看,治理有效更多体现为解决农民的生活困难的能力,提高农民的生活水平和质量。治理有效的基本内涵如图3-4所示。

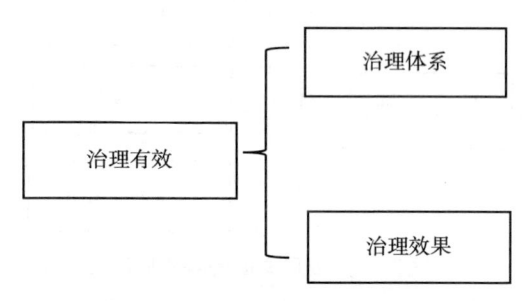

图3-4 治理有效的基本内涵

五、生活富裕的经济学解释

共同富裕是社会主义的本质要求。实现共同富裕必须要解决好不平衡不充分发展问题,而最大的不平衡不充分发展是在农村,这也是乡村振兴战略提出生活富裕要求的重要出发点。从马克思主义政治经济学角度来看,社会物质生产力水平的不断提高是实现共同富裕的物质基础和前提。马克思主义政治经济学从生产力与生产关系的矛盾运动,以及经济基础与上层建筑的对立统一关系的角度揭示了共同富裕的历史发展规律（邱海平，2016）。

从现实角度来看，生活富裕是乡村振兴的最终目标，生活富裕是产业兴旺、生态宜居、乡风文明以及治理有效基础上的必然结果。具体来说，可从农民的收入水平以及生活水平两个维度来测度生活富裕程度。从收入水平角度来看，主要体现在农民收入水平和消费水平上，农民相对于城市居民收入水平和消费水平差距应该呈现出缩小趋势。从生活水平角度来看，主要体现在农民家庭生活设施消费水平上，家庭生活设施消费水平越高，表明农民生活越富裕。生活富裕的基本内涵如图 3-5 所示。

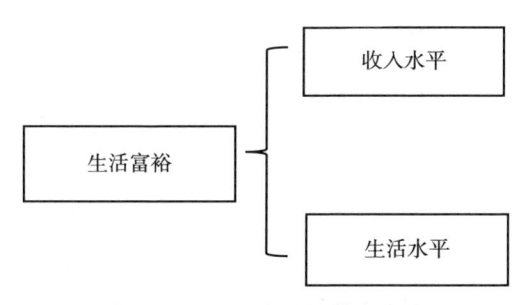

图 3-5　生活富裕的基本内涵

六、乡村振兴不同内涵之间的关系

第一节中重点从经济学角度阐释了乡村振兴的产业兴旺、生态宜居、乡风文明、治理有效和生活富裕总要求的基本内涵，并具体讨论了不同目标要求的衡量标准，为本书第六章对乡村振兴水平的测度提供基础（如图 3-6 所示）。总要求的五个方面之间相互联系、相互影响。产业兴旺是生态宜居、乡风文明、治理有效与生活富裕的基础和前提，生态宜居是产业兴旺、乡风文明、治理有效与生活富裕的基本要求，乡风文明是产业兴旺、生态宜居、治理有效和生活富裕的基本体现，治理有效是产业兴旺、生态宜居、乡风文明与生活富裕的基本保障，生活富裕是产业兴旺、生态宜居、乡风文明与治理有效的基本目标。

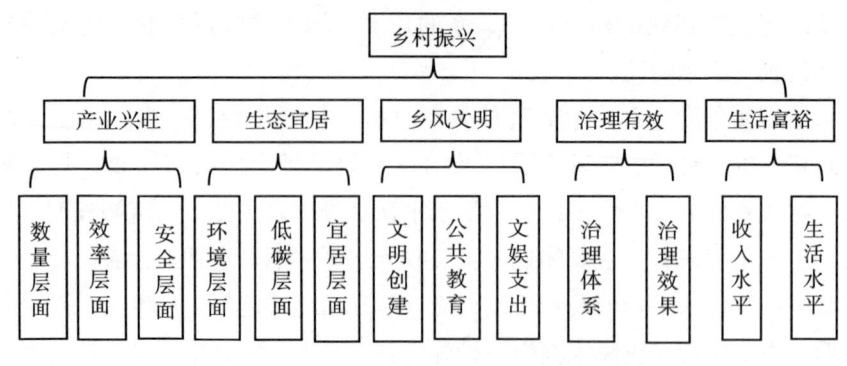

图3-6 乡村振兴基本内涵的经济学解释

第二节 农村土地产权、农业生产方式与乡村振兴之间的内在联系

农村土地产权、农业生产方式与乡村振兴之间有着内在的逻辑联系,这种逻辑关系可以从两个方面来讨论:一是农村土地产权对乡村振兴的直接影响;二是农村土地产权通过农业生产方式对乡村振兴的间接影响。直接影响主要体现在农村土地产权是乡村振兴发展的基础性制度安排(杜伟、黄敏,2018),农村土地产权更多通过农业生产方式间接影响乡村振兴,这也是本章重点予以讨论的。

具体来说,农村土地产权制度安排是农业生产方式变革的核心,不同的农村土地产权制度安排下会呈现出不同的农业生产方式,而农业生产方式又是乡村振兴发展的关键,不同的农业生产方式对乡村的振兴发展产生不同的影响。

一、农业生产方式的基本内涵

在正式讨论农业生产方式前,有必要对生产方式的含义进行简要介绍。在马克思主义经典著作中关于生产方式的论述众多,但学者们关于生产方式的解读至少存在以下两种主要观点：第一种观点认为，生产方式是生产力和生产关系的统一。持这种观点的学者认为生产方式是物质资料生产过程中的生产力和生产关系的对立统一，生产力决定生产关系，生产关系反作用于生产力（赵家祥，2007）。第二种观点认为，生产方式与生产力、生产关系是并列的关系（程宜山，1983）。吴易风（1997）在国内最早提出了马克思"生产力—生产方式—生产关系"的基本原理，强调生产力决定生产方式，生产方式决定生产关系。这随之引起了学术界的广泛讨论（高峰，2012；于金富，2015；周绍东、李晶，2020）。但从现有文献来看，关于"生产力—生产方式—生产关系"基本原理的讨论并无一致结论（吴宣恭，2013；卫兴华，2014；郭冠清，2015a；2015b；2020；周绍东，2016；鲁保林、梁永坚，2021）。马克思经典著作中关于生产方式内涵的讨论众多，其中更多学者倾向认同生产方式的两重含义（马家驹、蔺子荣，1981）：(1) 劳动的方式，主要强调劳动过程中劳动力的结合方式以及使用劳动资料的方式；(2) 生产的社会形式，主要强调社会经济形态或者社会的经济结构。

从生产方式的两重含义角度来看，农业生产方式也主要侧重于两方面：(1) 劳动的方式。劳动的方式强调劳动力与生产资料的结合方式，不同的结合方式意味着改造自然的方式和能力存在差异。(2) 生产的社会形式。生产的社会形式体现在一定社会制度背景下劳动力与生产资料结合过程中形成的人与人之间的关系。马克思指出："生产不论采取何种社会形态，劳动力与生产手段常为其要素。但这两种生产要素的任一方面，都只能在可能性上分离开来。它们必须互相结合，才能有所生产。社会结构上各种不同的经济时代，就是凭这种结合所由以成就的特殊方式来区别的。"[①] 这也意味着不同的经济社会背景下农业生产方式也存在着差异。无论是劳动的方式，还是生产的社会形式，生产方式的本质在于生产要素的不同组合，以及在不同组合下人们之间在生产过程

[①] 马克思. 资本论（第二卷）[M]. 郭大力，王亚南，译. 上海：上海三联出版社，2011：10.

中形成的地位。

农村土地、农业劳动力、资本投入、农业技术水平等是农业生产中最为重要的生产要素，在不同阶段各类农业生产要素的组合方式呈现出差异性，进而形成不同的农业生产方式。其中，农业劳动力是农业生产的主体和首要的生产力，在农业生产中起着决定性作用。离开农业劳动力，任何农业生产资料都不能发挥作用。农村土地作为一种特殊的生产要素。只有当农村土地与劳动结合才能进行物质资料的生产。马克思指出："作为不变资本，土地虽然不像普通的劳动资料那样，将所消耗的生产资料的价值转移到新产品上保存下来，却因为它是天然存在的资本，只有使用价值，不会把价值转给产品，没有价值可以丧失。"① 农业资本的投入是农业发展的重要影响因素，农业资本的深化对农业生产要素的投入以及资源配置效率密切相关（侯明利，2020）。以生产工具为基本表现的农业技术水平是劳动手段最为重要的标志，决定着农业生产水平的高低。马克思指出："劳动过程相当发展以后，加工的劳动手段，成了必要了。"② 不同的生产工具水平也决定着不同农业发展时期。马克思指出，"划分经济时期的事情，不是作了什么，而是怎样作，换言之，用什么劳动手段"③，"而在劳动手段中，机械性的劳动手段，又比仅当劳动对象的容器的劳动手段更能指示社会生产时期的决定的特征"④。此外，不同的农业技术水平也意味着不同的农业生产水平。因此，农村土地、农业劳动力、农业资本、技术水平等生产要素的不同结合方式也决定了不同的农业生产方式。综上所述，可以将农业生产方式界定为：农村土地、农业劳动力、农业资本、技术水平等农业生产要素在农业生产过程中的不同组合方式，以及不同的组合方式下形成的人与人之间的关系。

---

① 马克思. 资本论（第二卷）[M]. 郭大力，王亚南，译. 上海：上海三联出版社，2011：10.

②③④ 马克思. 资本论（第二卷）[M]. 郭大力，王亚南，译. 上海：上海三联出版社，2011：111.

二、农村土地产权在农业生产方式变革中的核心作用

生产力与生产关系的矛盾运动是马克思主义政治经济学的基本分析框架，生产方式在二者的矛盾运动中具有重要的作用。具体来讲，农业生产力水平的提高是农业生产方式变革的基础，但生产力水平的提高并不必然带来农业生产方式的变革，还受到生产关系的影响。而农村土地产权制度安排改变的就是农业生产关系，这将进一步促进农业生产方式的创新（何自力、顾慧民，2022）。因此，随着生产力水平的不断提高，农村土地产权制度安排在农业生产方式变革中起核心作用。

从农业生产方式角度来看，不同生产要素之间的组合首先表现在数量上的协调性，即农业劳动力、农村土地、农业资本与农业技术有数量上的内在要求。从农村土地角度来看，农村土地呈现出地理位置上的固定性和总量上的有限性，同时我国农村土地呈现出家庭小规模分散经营特征，这也就意味着农业生产方式是在农村土地小规模家庭经营基础上与其他农业生产要素进行组合，这也是我国农村土地产权制度安排下农业生产方式的现实体现。随着城镇化和工业化水平的不断提高，传统农业部门的生产率劣势必然导致农业劳动力的城市转移，同时也将使农业资本投入以及农业技术水平发生变化，这将导致不同农业生产要素协调关系不断发生转变。改革开放初期，在以农村土地所有权集体所有、承包经营权农民所有（即农村土地"两权分离"）为基础的家庭联产承包责任制背景下，农业生产力水平相对低下，各种农业生产要素之间在数量上呈现出一定的协调性。随着青壮年农业劳动力的大规模城市转移，农民老龄化以及农村土地抛荒问题凸显，为农村土地流转、工商资本下乡以及大规模农业机械化作业提供了实践基础，但农村土地作为农民最为重要的资产，更多承担和体现着保障功能，在这一背景下农村土地不可能发生大规模流转。与此同时，农业劳动力有着大规模向城市转移的长期趋势，这也就决定了不同农业生产要素之间协调的关键就在于通过

农村土地产权制度改革①，通过发挥产权的激励和约束功能、资源配置功能以及收入分配功能，不仅要改变农业劳动力的数量，也要推进农村土地经营数量的变化，并带动农业资本投入以及农业技术水平的变化，进而不断调整不同农业生产要素之间的协调关系，最终实现从传统农业向现代农业的转变。

农村土地产权制度改革有三个基本方向：第一个方向要重点关注农业劳动力数量的变化。在农业劳动力继续向城市转移的背景下，农村土地产权制度改革要考虑如何"留住"有意愿从事农业生产的农业劳动力或者"引回"在城市工作生活的农村精英或者"吸引"城市人才下乡从事农业生产。第二个方向要重点关注农业资本的投入问题，即如何通过农村土地产权制度引导有意愿从事农业生产的农民或者工商资本增加农业的资本投入。第三个方向要重点关注农业技术水平的提升。多元化的农业劳动力以及农业资本要素投入将在一定程度上改变农业技术水平。综上所述，不同农业生产要素组合最终的方向应该是农村土地的"规模化经营"问题②。这种适度规模经营对土地利用效率的提高也在实践中得到了验证（高晶晶、史清华，2021）。因此，为了促进不同农业生产要素之间的协调发展要不断深入推进农业土地产权制度变革，这将最终推动农业生产方式的创新变革，并形成新的生产关系。

三、农业生产方式变革是乡村振兴的关键

农业生产方式落后是乡村发展滞后的根本原因（于金富，2007），因此，不断推动农业生产方式的创新变革是乡村振兴发展的关键所在。

---

① 农村土地产权制度改革包括农村土地"三权分置"改革以及农村土地承包经营权确权等一系列政策的组合。

② 农村土地的"规模化经营"问题并不一定仅仅是农村土地流转到某一农户或者新型农业经营主体手中实现"土地规模"经营，也可以是小农户将农村土地通过全程托管或者半托管等农业社会化服务方式形成的"服务规模"经营，这将在本书的后面章节中予以重点讨论。

农业生产方式的变革决定着乡村振兴能否实现以及乡村振兴的成效（郝耕、孙维佳，2020）。

从乡村发展的现状来看，随着工业化水平和城镇化水平不断提高，大量青壮年农业劳动力不断向城市转移，并导致农民老龄化、农村空心化和农业边缘化，农村的人财物等各种要素不断向城市单向流动（项继权、周长友，2017），进而导致乡村呈现出衰落趋势。进一步地，乡村的义务教育、医疗卫生以及生活配套等公共服务水平也难以提高，这又将加速农业劳动力的城市转移，改变乡村发展现状的根本出路就是农业生产方式的创新。从农业生产方式变革的现实基础角度来看，农业劳动力不断向城市转移的同时，农业资本投入构成将更加多元化，农业技术水平也大幅提升，这也使得农村土地细碎化的小规模经营已经不适应生产力发展水平，通过农村土地产权改革优化农业生产要素配置，进而推动农业生产方式创新进而全面推进乡村振兴发展势在必行。

农业生产方式的变革是全面实现乡村振兴战略目标的关键。从乡村振兴战略的总要求来看，产业兴旺是乡村振兴战略的根本前提，应通过优化组合农业生产要素创新农业生产方式，多样化农业经营方式，实现小农户与现代农业的有机衔接，不断提高农业生产效率，推动乡村产业发展。农业生产方式变革过程中应更注重绿色农业导向，减少农业面源污染程度，并进一步通过影响农民的生活方式，实现乡村发展过程中的生态宜居目标，同时不断提高乡村的文明水平。此外，农业生产方式变革过程中必然伴随着外出能人返乡以及城市人才下乡，通过人力资本集聚，不断提高乡村人力资本水平，进而推动乡村治理的现代化水平。同时，农业生产方式变革能够为农民提供多元化的收入渠道，不断提升农民的收入水平，进而实现农民的生活富裕。综上所述，农业生产方式的变革在实现乡村振兴战略总要求的过程中起关键性的作用。

第三节 农村土地产权、农业生产方式与乡村振兴的作用机制

本书所提到的农村土地产权至少包括农村土地产权制度安排从"两权分离"到"三权分置"的转变以及农村土地承包经营权确权两层含义。进一步地,农村土地产权、农业生产方式与乡村振兴之间的作用机制主要体现在以下两个方面。

一是农村土地产权直接影响乡村振兴。农村土地产权制度安排是乡村全面振兴的基础,深化农村土地产权制度改革是全面推进乡村振兴的重要举措(黄祖辉、胡伟斌,2022)。不同的农村土地产权制度安排对农民的激励方式存在差别,这将影响农民的种粮积极性,减少农村土地抛荒行为的发生,优化农业生产要素配置,扩大农作物的种植面积,提高农民的劳动生产率和土地产出率,保障粮食产量水平的稳步提升,最终实现数量层面、效率层面和安全层面的产业兴旺,也将不断提高农民的收入水平和生活水平,实现生活富裕目标。乡村产业兴旺发展是基于农村土地产权制度改革的农业生产力水平的提高,而农业生产力水平的提升也必然会影响农民从事农业生产的模式及其生活方式,这将进一步影响乡村的生态水平以及宜居环境。此外,乡村产业的发展给乡村治理带来更多新的挑战,这也进一步要求提升乡村基层组织的治理能力,推动自治、法治和德治相结合的乡村治理体系。

二是农村土地产权通过农业生产方式间接影响乡村振兴。农村土地产权通过发挥产权的激励和约束功能、资源配置功能以及收入分配功能在农业生产方式创新变革过程中起核心作用,而农业生产方式又是推动乡村振兴的关键所在。所以,从这个意义上来讲,农业生产方式是农村土地产权影响乡村振兴的中介变量,而农业生产方式是不同农业生产要素的组合以及所形成的生产关系,进而也就说明农村土地产权影响乡村振兴的作用机制主要体现在不同农业生产要素的有效配置,在充分发挥

产权激励、约束、资源配置和收入分配功能的基础上，可以通过土地配置效应、劳动配置效应、资本配置效应和技术配置效应对农业生产方式产生影响，并进一步影响乡村振兴。

综上所述，关于农村土地产权、农业生产方式与乡村振兴之间的作用机制可通过图 3-7 表示。农村土地产权制度是乡村振兴的基础和前提，但农村土地产权更多是通过农业生产方式间接影响乡村振兴发展。因此，本章将重点讨论农村土地产权通过农业生产方式对乡村振兴间接影响机制。

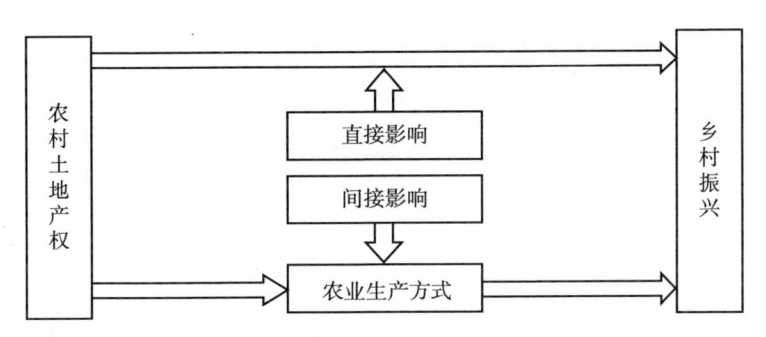

图 3-7 农村土地产权、农业生产方式与乡村振兴的作用机制

一、农村土地产权影响农业生产方式的作用机制

产权制度安排主要通过发挥其资源配置功能、激励和约束功能、收入分配功能影响经济主体的行为（谢地、宋冬林、孔晓，2019）。从农村土地产权制度安排角度来看，不同的农村土地产权制度安排也将通过这几个方面影响各个参与主体的行为，进而推动不同农业生产要素的优化配置，最终实现农业生产方式的变革。

产权的资源配置功能、激励和约束功能、收入分配功能之间相互联系、相互影响。从农村土地产权制度安排的资源配置功能角度来看，农村土地产权的变动会改变农业生产要素在不同主体之间的配置，实现农业生产要素组合的动态变化，进而推动农业生产方式的变革。从农村土地产权制度安排的激励功能角度来看,农村土地产权通过权能分解和利益分割对不同主体产生激励作用,有利于优化农业生产要素在不同主体间的配置。从农村土地产权制度安排的约束功能角度来看,任何一种产权制度安排下的权能空间和利益分配都存在界区,这种界区有利于保障农业生产方式变革过程中不同主体的利益。从农村土地产权制度安排的收入分配功能角度来看,土地产权权能的不断分解明确了产权在不同经济主体之间的分配,也就决定了相应的收入分配形式,为不同农业生产要素的有序流动提供产权基础。

综上所述,农村土地产权制度安排通过资源配置功能、激励和约束功能、收入分配功能能够有效推动农村土地、农业劳动力、农业资本以及农业技术等农业生产要素组合的变化,并形成新的生产关系。这种生产要素组合的动态调整就是生产要素的配置过程,这种配置可分解为土地配置效应、劳动配置效应、资本配置效应和技术配置效应。

(一)土地配置效应

从土地配置效应角度来看,农村土地通过发挥其产权功能能够增加其经营面积、促进小农户之间的土地小规模流转并推动农业规模化经营,优化农业生产要素配置,进而推动农业生产方式的变革。

1. 增加土地经营面积

土地变更调查数据和地理国情普查数据显示,2017年中国粮食主产区农村土地撂荒面积和撂荒率分别为405.53万公顷和5.85%。从分省份情况来看[①],农村土地撂荒面积处于13.45万(江苏省)~78.85万公顷(内蒙古自治区),撂荒率处于1.01%(四川省)~8.79%(江西

---

① 具体来看,辽宁省、吉林省、黑龙江省、河北省、河南省、山东省、湖南省、湖北省、安徽省、江西省、四川省、江苏省和内蒙古自治区农村土地撂荒面积(撂荒率)分别为17.52万公顷(3.38%)、22.41万公顷(2.83%)、62.19万公顷(3.60%)、26.09万公顷(2.16%)、17.57万公顷(2.15%)、37.78万公顷(5.41%)、16.12万公顷(3.52%)、32.45万(6.06%)、24.01万公顷(4.35%)、25.07万公顷(8.79%)、32.02万公顷(1.01%)、13.45万公顷(2.94%)和78.85万公顷(6.87%)(李雨凌等,2021)。

省）（李雨凌等，2021）。"田不好种"和"种地不划算"是农村土地抛荒的重要原因（李永萍，2018），但农村土地"三权分置"改革以及土地确权能够通过稳定农户的承包权，推动小农户流转土地进而减少撂荒面积，增加农村土地经营面积，这在实践中得到了验证。罗明忠、刘恺、朱文珏（2017）通过四川省、河南省和山西省的数据进行实证研究发现，农村土地的确权确实减少了农户的土地抛荒行为，但这种行为表现出一种暂时性特征。

2. 促进小农户之间的土地小规模流转

分散小农户经营的土地规模呈现出细碎化特征，在农业劳动力不断向城市转移的背景下，农村土地"三权分置"产权制度安排下放活土地经营权为小农户之间的土地经营权流转提供了现实可能。部分小农户将土地经营权流转给本村或者邻村其他小农户，实现农村土地的小规模流转。随着土地流入小农户土地规模经营面积的增加，农业劳动力短缺成为小农户面临的现实困境，此时小农户至少有三种选择：第一种是小农户通过雇佣劳动力来完成农业生产的产前、产中和产后过程，但雇佣劳动力过程中面临着监工难、成本高、风险大等诸多困境（胡新艳、王梦婷、吴小立，2018）。第二种是小农户可以选择购买农业机械等自行完成农业生产过程，但小农户在该过程中可能面临资金不足的困境。此外，由于农业生产过程不同环节使用不同的机械工具，这样会降低农业机械的利用率。第三种是小农户直接购买农业服务来解决劳动力短缺困境，能够在一定程度上避免上述两种选择所面临的问题。综合分析以上三种方式，经营一定土地面积的小农户直接购买农业服务是一种理性的选择，进而在一定程度上推动服务规模经营组织的发展壮大，不同农业生产要素的组合方式也将发生深刻变化。

3. 推动农业规模化经营

农村土地"三权分置"产权制度改革以及土地确权有利于推动土地流转，形成规模化经营。王士海、王秀丽（2018）通过对山东省117个县级行政区划单位的1390个农户数据进行研究发现，土地确权对农户的短期流转意愿影响不明确，但长期来看能够显著促进农村土地流转，进而形成农业规模经营。具体来说，农业规模经营有两种土地资源的配置方式：土地规模经营与服务规模经营。（1）土地规模经营。在小农户之间的土地小规模流转的基础上，土地经营权的流转会逐渐形成专业大户、农民合作社以及农业龙头企业等诸多形式的新型农业经营主体。土地规模经营是在农业劳动力不断向城市转移、农业资本不足与技术水平低下背景下的土地要素集聚，强调同一区域内农业生产的横向专业化分工，诸如同一区域内集中连片种植同种类别的农作物。（2）服务规模经营。土地经营权流转不仅能够实现土地规模经营，还能通过土地经营权入股方式实现服务规模经营。服务规模经营是土地要素分散与农村劳动力不足背景下资本要素与技术要素的集聚，强调同一种作物在不同生产环节上的可分性，诸如灭茬、耕种、施肥、打药、收割等不同生产环节的纵向专业化分工。（3）土地规模经营与服务规模经营的协调发展。土地规模经营的面积的增加有利于促进服务规模经营主体的发展，服务规模经营主体的发展也将反过来进一步促进土地规模经营面积的增加，二者之间形成相互协调发展的关系。

（二）劳动配置效应

从劳动配置效应角度来看，农村土地通过发挥其产权功能能够推动有意愿进入城市农民的市民化进程、吸引外出能人返乡参与乡村建设以及引导城市农业科技人才下乡，优化农业生产要素配置，进而推动农业生产方式的变革。

1. 推动有意愿进入城市农民的市民化进程

农村土地产权通过权能分解和利益分割对不同主体产生激励作用，特别是对农民进入城市有更多的促进作用。农村土地产权制度改革和农村土地确权有利于降低农民失地风险，进而促进农业劳动力不断向城市转移，但这种影响存在区域差异性和门槛效应。从区域差异角度来看，农村土地的确权对东部地区和南方地区的农业劳动力城市转移有显著影响，但这种影响在中西部和北方地区则不显著。从门槛效应角度来看，只有当农村土地流转达到一定水平时，农村土地的确权才能显著促进农业劳动力的城市转移（史常亮、张益，2022）。此外，农村土地产权制度改革和农村土地确权在促进农民流转土地的同时，也有效发挥了产权收入分配功能，提高了农民的土地流转收益，进而为他们进入城市提供物质基础（张广辉、魏建，2016）。农业剩余劳动力的城市转移将改变农业生产要素的动态组合，进而影响农业生产方式的变革。

2. 吸引外出能人返乡参与乡村建设

推动乡村全面振兴，关键靠人。在大量青壮年农业劳动力向城市转移的背景下，如何发挥农村土地产权的激励功能，吸引更多外出能人返乡参与乡村建设至关重要。具体来说，农村土地产权制度改革基础上的农村土地流转有利于形成专业大户、农民合作社以及农业龙头企业等各类新型农业经营主体，这些新型农业经营主体中的原有农村外出务工返乡占据一定比例。这部分群体一方面熟悉农业生产过程，另一方面在城市生活过又拥有先进的理念和经验，这也使得外出能人在农业生产方式变革中扮演着重要角色。据农业农村部数据显示，截至2022年4月，全国各类返乡创业人员已经超过1100万。2021年12月17日，农业农村部印发的《"十四五"农业农村人才队伍建设发展规划》中明确提出"到2025年，培育家庭农场主、农民合作社理事长等乡村产业振兴带头人10万人"，"返乡入乡创业人员超过1500万人，其中农村创业带头人100万人"。外出返乡能人参与农业生产将有力改变农民老龄化问题，不断提高农业从业者的综合素质，优化农业生产要素配置，进而推动农业生产方式的变革。

3. 引导城市各类人才下乡

除了引导和培育本地农民和吸引外出能人积极参与乡村建设外，《"十四五"农业农村人才队伍建设发展规划》中也明确提出要"重点做强农业科研人才、社会化服务组织带头人、农业企业家、农村创业带头人"四类人才，这些人才是农业生产方式变革的核心基础力量，是推进农业农村现代化的关键。农村土地产权制度变革和农村土地确权通过激励农民进行土地流转实现农业规模化经营方式，进一步吸引城市农业科技人才下乡支农，也为做强社会化服务组织带头人、农业企业家和农村创业带头人提供了现实基础。

（三）资本配置效应

从资本配置效应角度来看，农村土地通过发挥其产权功能能够吸引更大财政支农力度、强化金融机构惠农政策支持和引导社会资本下乡，优化农业生产要素配置，进而推动农业生产方式的变革。

1. 加大财政支农力度

2014年，中共中央办公厅、国务院办公厅印发的《关于引导农村土地经营权有序流转发展农业适度规模经营的意见》中明确了推动农业适度规模经营的总要求、基本原则和具体举措。农村土地产权制度改革和农村土地确权为农业规模化经营提供了产权基础，国家在推进农业规模化经营方面也投入了大量的财政资金。2015年，财政部印发的《农业综合开发推进农业适度规模经营的指导意见》中重点强调要加大对农业适度规模经营的财政支持力度。2017年，中央财政分别安排农业综合开发资金6.53亿元、3.18亿元和1.65亿元支持新型农业社会化服务体系项目、土地托管项目和新型农业服务主体能力提升项目。不断加大财政支农力度有效提高了农业资本要素的投入，优化农业生产要素配置，进而推动农业生产方式变革。

2. 金融机构惠农政策支持

农村土地作为农民最为重要的资产，在小农户分散经营的背景下，农村土地更多承担保障功能，而弱化了财产功能。2015年，《国务院关于开展农村承包土地的经营权和农民住房财产权抵押贷款试点的指导意见》中明确提出要做好农村承包土地（耕地）的经营权抵押贷款试点工作。2016年，中国人民银行、中国银行业监督管理委员会、中国保险监督管理委员会、财政部和农业部联合印发了《农村承包土地的经营权抵押贷款试点暂行办法》。这些文件的出台为农村土地发挥财产功能提供了法律基础。农村土地产权制度改革以及农村确权能够有效发挥产权的激励和约束以及收入分配功能，为农业生产方式的进一步变革提供资本支持。从实践角度来看，农村土地经营权抵押有效促进了土地规模化经营。张广庆、刘永文、汪磊（2021）对比了全国首批土地经营权抵押试点山东省枣庄市台儿庄区和全国粮食生产百强县江苏省盐城市阜宁县的土地经营权抵押贷款情况，2020年两个地区的土地经营权抵押贷款余额（总笔数）分别为72904万元（2001笔）和30639万元（1062笔），不良贷款率分别为2.13%和3.87%。从这两个地区的对比数据来看，试点地区的土地经营权抵押贷款余额和总笔数都显著高于非试点地区，土地经营权抵押对农村土地规模经营有更大的促进作用。

3. 社会资本下乡参与乡村建设

农村土地产权制度改革和农村土地确权为社会资本下乡进行土地规模经营提供了产权基础。在农业生产要素单向流向城市的背景下，吸引工商资本下乡是推进农村土地的规模化经营的重要途径（何展雄、吕蕾莉，2020）。农业农村部数据显示，2012~2014年社会资本经营的农村土地流转面积年均增速高达20%，经营面积呈现出逐年上升的趋势。2016年社会资本经营的土地面积达到4600万亩，占到农村土地流转面积的近20%。从分省份角度来看，宁夏回族自治区、陕西省、贵州省、重庆市、北京市的社会资本经营的农村土地面积比例都超过20%。社会资本在农业生产方式变革中具有非常重要的作用。

（四）技术配置效应

从技术配置效应角度来看，农村土地通过发挥其产权功能能够推动大规模农业机械化耕作、提高农业科技化水平和转向绿色农业生产方式，优化农业生产要素配置，进而推动农业生产方式的变革。

1. 推动大规模农业机械化耕作

如前面所述，农村土地产权制度改革与农村土地确权能够有效推动土地规模经营与服务规模经营主体的发展壮大，这为大规模农业机械化耕作提供了现实基础。以全国首批农业社会化服务典型案例的江西绿能农业发展有限公司为例，2010年，江西绿能农业发展有限公司在安义县成立，主要涉及水稻种植、农机服务等业务，该公司拥有各类农业机械设备430余套，生产资料合作社通过与科研院所合作提供种子、化肥、农药等服务（罗明忠、邱海兰、陈江华，2019；穆娜娜、孔祥智、卢洋啸，2020）。

2. 提高农业科技化水平

农村土地的规模化经营过程中也会不断提高农业的科技化水平。在黑龙江省龙江县超越现代玉米种植农民专业合作社发展过程中，超越合作社对全托管的农村土地实现网格化管理，按照 1200~1500 亩作为一个单位配备专业的服务经理、技术人员和农机手，利用智能小程序不断推进省级农业生产托管的一体化形式。在湖北省钟祥市春源农作物种植农民专业合作社联合社案例中，合作社建设完成包括育秧基地、大棚、插秧机、无人机、播种收割机、粮食烘干生产线、仓库、晒场以及粮库等在内的完善的农业社会化服务体系。从以上的两个案例中不难发现，农村土地规模化经营的过程中农业的科技化水平也呈现出不断提高的趋势。

3. 转向绿色农业生产方式

随着人们生活水平的不断提高，对农产品的需求也从"吃得饱"转向"吃得好"，人们更加注重农产品的质量。化肥和农药的施用量是影响农产品质量的重要因素。农村土地产权制度改革背景下的农村土地规模化经营有利于提高农产品质量。黑龙江省龙江县超越现代玉米种植农民专业合作社通过与黑龙江省农业科学院齐齐哈尔分院合作推进玉米的栽培技术和施肥技术。在栽培技术方面，合作社积极推进利用秸秆保水保沙的保护性耕种技术，有效解决了秸秆焚烧带来的环境污染问题。在施肥技术方面，合作社根据土壤和农作物类别差异确定施肥的品种和数量，最大限度降低化肥的使用量，进而减少化肥对农村土地的污染。湖北省钟祥市春源农作物种植农民专业合作社联合社采用飞防设备提高打农药的效率，减少农药的使用量。从这些案例中不难发现，农业规模化经营有利于转向绿色农业生产方式。

（五）综合效应

农村土地产权通过发挥产权的激励和约束功能、资源配置功能以及收入分配功能影响土地、劳动、资本与技术等农业生产要素的配置，进而推动农业生产方式变革。不同的农业生产要素的配置并非独立发挥作用，这些生产要素在配置过程中相互联系、相互影响，农业生产方式的变革更注重这些不同要素之间的综合效应（如图3-8所示）。

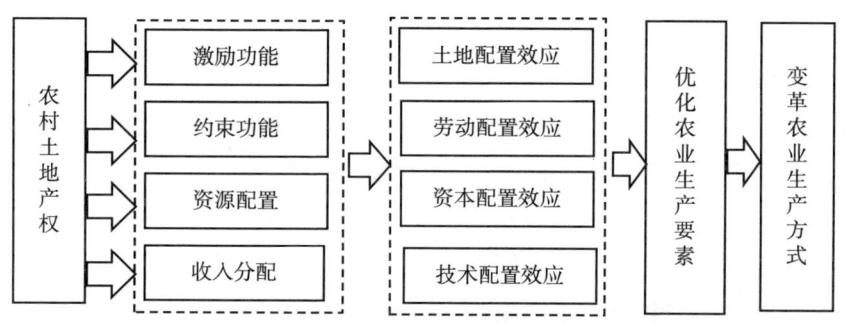

图 3-8 农村土地产权影响农业生产方式的机理

二、农业生产方式影响乡村振兴的作用机制

如前所述，农村土地产权通过发挥产权功能实现土地配置效应、劳动配置效应、资本配置效应和技术配置效应，进而形成不同的农业生产要素组合方式，最终推动农业生产方式的变革，而农业生产方式的变革也将进一步通过提高农业生产效率、转变生产生活方式、提升精神生活需求、人力资本集聚以及多元化收入渠道等方式影响乡村振兴的产业兴旺、生态宜居、乡风文明、治理有效与生活富裕总要求。

（一）农业生产方式通过提高农业生产效率实现产业兴旺

土地配置效应、劳动配置效应、资本配置效应与技术配置效应分别通过优化农村土地要素、劳动要素、资本要素和技术要素之间的组合方式进而推动农业生产方式的转变，并带动农业生产效率的提高，最终实现产业兴旺目标。（1）数量层面的影响。增加农村土地经营面积、促进小农户之间的土地小规模流转以及推动农业规模化经营能够增加农作物种植面积的增加以及提高农业产出水平,提升农村土地利用效率,实现数量层面的产业兴旺水平。(2)效率层面的影响。产业兴旺效率层面主要体现在农村土地和农业劳动力的产出效率方面。从劳动配置效应角度来看,吸引外出能人返乡以及引导城市人才下乡都将在一定程度上影响农业劳动力的产出效率。从技术配置效应角度来看,大规模农业机械化耕作、提高农业科技化水平也将有利于提高农村土地的产出效率。(3)安全层面的影响。产业兴旺安全层面主要体现在粮食安全方面,而粮食安全更多强调粮食播种面积的占比。土地配置效应和资本配置效应能够实现农业生产效率的提高,但增加农村土地经营面积、促进小农户之间的土地小规模流转以及推动农业规模化经营对粮食播种面积的影响呈现出不确定性,而社会资本下乡从事农业生产时可能存在非农化趋势,这也可能对粮食安全产生一定影响。

(二)农业生产方式通过转变生产生活方式实现生态宜居

农村土地、劳动、资本与技术要素的优化组合在改变农业生产方式的同时,也能够对农民的生活方式产生一定影响,进而对环境层面、低碳层面和生活层面的生态宜居水平产生影响。(1)环境层面的影响。从土地配置效应角度来看,与小农户的土地分散自主经营相比,农业规模化经营过程中化肥、农药等投入的减少将降低对农村环境的污染。从劳动配置效应角度来看,外出能人返乡以及城市人才下乡都能在一定程度上影响农业生产行为,进而减少农村环境污染程度。从技术配置效应角度来看,大规模机械化经营、农业科技水平提高以及绿色生产导向都将引导农业生产低污染化。(2)低碳层面的影响。低碳层面更多源于农民生活方式的转变,这与劳动配置效应密切相关。有意愿进入城市生活的农民以及外出能人返乡以及城市人才下乡都将在一定程度上影响甚至改变农民的生活方式。(3)宜居层面的影响。农民生产和生活方式的转变对农村基础设施的建设也提出了更高的要求。从土地配置效应角度来看,农业规模化经营(例如党支部领办的合作社)能够带动乡村集体经济的发展,提高乡村集体经济的财政能力,进而不断推动乡村基础设施水平的提高。从资本配置角度来看，加大财政支持力度以及社会资本下乡过程中也有利于不断强化农村基础设施建设。

（三）农业生产方式通过提升精神生活需求实现乡风文明

在不同农业要素配置效应的综合影响下，农业生产方式与农民生活方式发展转变，进而影响农民对生活的诉求，并对文明创建层面、公共教育层面和文娱支出层面的乡风文明产生重要影响。（1）文明创建层面的影响。在农业生产方式与农民生活方式转变过程中，乡村集体经济发展水平不断提高，农民对文化生活的需求也随之提升，这为乡镇建设文化站和文化室提供了有效需求与财政基础。（2）公共教育层面的影响。在农民城市转移、外出能人返乡以及城市人才下乡所形成的城乡人口双向流动背景下，农民对子女教育重视程度不断加大，乡村经济发展水平的提升也吸引了更多高学历人才进入农村中小学担任教师，进一步提升农村公共教育水平，也能够不断提升乡村小学计算机数、图书量等。（3）文娱支出层面的影响。农业生产方式的变革将有效减少农民从事农业劳动的时间，进而让农民有更多的闲暇时间追求精神生活，也能够释放更多的农业劳动力进入城市工作生活，提高家庭收入水平，并进一步提高农民在文娱上的支出水平。

（四）农业生产方式通过人力资本集聚实现治理有效

在农业生产方式变革过程中，外出能人返乡以及城市人才下乡的劳动配置有利于提升乡村的人力资本水平，进而对乡村治理体系与乡村治理效果产生影响。（1）乡村治理体系层面。人力资本集聚对乡村治理体系建设的影响主要体现在以下几个方面：一是人力资本集聚有利于提升乡村集体经济发展，带动农民收入水平提高，激发农民更多参与乡村自治过程；二是外出能人返乡有利于带动乡村经济发展，并积极参与乡村治理过程，这部分群体有着更高的人力资本水平，也将进一步提升乡村治理的法治水平；三是乡村人力资本水平的提升有利于提高农民的道德水平，进而也将进一步提高乡村治理的德治水平。（2）乡村治理效果层面。人力资本集聚有利于提升乡村治理水平，并进一步推动乡村经济发展，减少农村贫困人口，提高农民收入水平。

（五）农业生产方式通过多元化收入渠道实现生活富裕

不同农业生产要素优化配置推动农业生产方式变革过程中也将不断拓宽农民的收入渠道，进而影响收入水平以及生活水平层面的生活富裕水平。（1）收入水平层面。农民在农业生产过程中通过购买农业社会化服务降低生产成本，有利于提高他们的经营性收入水平。农民在各类农业规模化经营主体中从事农业生产或者进入城市进行非农工作可以获得更高的工资性收入。农民将农村土地流转给其他小农户或者各类新型农业经营主体可以获得财产性收入。张国林、何丽（2021）利用2015年中国家庭金融调查（CHFS）的数据进行实证研究发现，农村土地确权背景下的土地流转能够有效促进农民财产性收入水平的提高。农民收入渠道的多元化能够提高他们的整体收入水平。（2）生活水平层面。农民收入渠道的拓宽不仅提高了农民的收入水平，也将进一步改变农民的家庭消费习惯，并最终影响家庭的生活用品消费支出。

第四节 本章小结

本章试图构建农村土地产权、农业生产方式与乡村振兴三者之间关系的理论分析框架，具体包括以下几个方面。

（1）以农村土地产权制度安排与农业生产方式的视角为出发点，阐释了乡村振兴产业兴旺、生态宜居、乡风文明、治理有效与生活富裕基本内涵的经济学解释，并介绍其可从不同角度进行测度。具体来说，产业兴旺可从数量层面、效率层面和安全层面测度。生态宜居可从环境层面、低碳层面和宜居层面测度。乡风文明可从文明创建、公共教育和文娱支出层面测度。治理有效可从治理体系建设和治理效果层面测度。生活富裕可从收入水平和生活水平层面测度。对乡村振兴产业兴旺、生

第三章 农村土地产权、农业生产方式与乡村振兴的理论分析框架 59

态宜居、乡风文明、治理有效和生活富裕的测度有利于构建乡村振兴的指标体系，为衡量乡村振兴发展水平提供理论基础。

（2）讨论农村土地产权、农业生产方式与乡村振兴之间的内在联系。第一，农村土地产权是农业生产方式变革的核心。农业生产方式可界定为农村土地、农业劳动力、农业资本、农业技术等农业生产要素在农业生产过程中的不同组合方式，以及不同的组合方式下形成的人与人之间的关系。生产力与生产关系的矛盾运动是马克思主义政治经济学的基本分析框架，生产方式在生产力与生产关系的矛盾运动中具有重要的作用。具体来讲，农业生产力水平的提高是农业生产方式变革的基础，但生产力水平的提高并不必然带来农业生产方式的变革，还受到生产关系的影响。而农村土地产权制度安排改变的就是农业生产关系，这将进一步促进农业生产方式的创新，这也意味着农村土地产权是农业生产方式变革的核心。第二，农业生产方式变革是乡村振兴的关键。农业生产方式落后是导致乡村发展缓慢的根本原因，变革农业生产方式是重振乡村经济的关键举措，农业生产方式的创新变革决定着能够实现乡村的产业兴旺、生态宜居、乡风文明、治理有效与生活富裕的总要求。因此，因地制宜地推进农业生产方式的变革是实现乡村振兴目标的关键所在。

（3）论述农村土地产权、农业生产方式与乡村振兴三者之间的作用机制。主要体现在两个方面：一是农村土地产权直接影响乡村振兴。二是农村土地产权制度安排通过农业生产方式间接影响乡村振兴。本书重点讨论农村土地产权、农业生产方式与乡村振兴三者之间的关系。第一，农村土地产权在发挥产权资源配置功能、激励和约束功能、收入分配功能基础上，通过土地配置效应、劳动配置效应、资本配置效应和技术配置效应优化不同农业生产要素的动态组合，进而推动农业生产方式变革。第二，农业生产方式通过提高农业生产效率、转变生产生活方式、提升精神生活需求、人力资本集聚以及多元化收入渠道等方式实现乡村振兴的产业兴旺、生态宜居、乡风文明、治理有效与生活富裕总要求。

综上所述，本章重点讨论农村土地产权、农业生产方式与乡村振兴三者之间的关系，为本书后面章节的研究提供理论基础。为了更好明晰三者之间的内在联系，图3-9对三者之间的关系进行了总结。

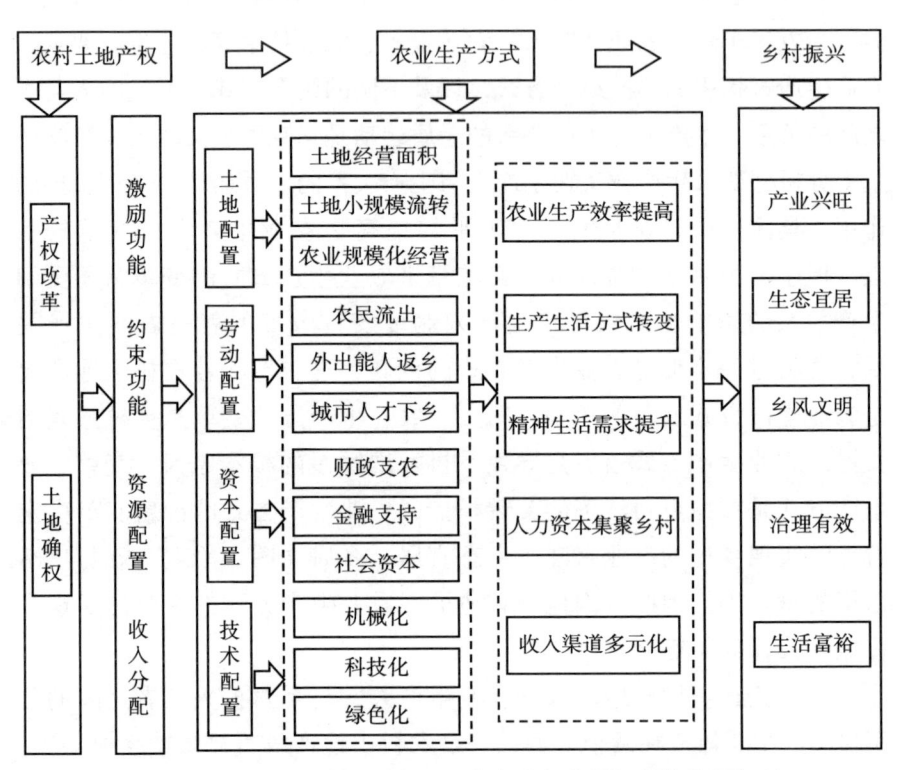

图3-9 农村土地产权、农业生产方式与乡村振兴的作用机制

第四章

农村土地"两权分离"、农业生产方式与乡村发展（1978~2013年）

从第三章理论分析框架可知，农村土地产权是农业生产方式变革的核心，而农业生产方式变革又是乡村振兴的关键。对不同农村土地产权制度安排下农业生产方式变革历史演进的分析具有重要的现实指导意义。自改革开放以来，农村土地产权制度经历了从"两权分离"到"三权分置"的转变，农村土地承包经营权确权工作也逐步开展，土地产权制度通过土地配置效应、劳动配置效应、资本配置效应和技术配置效应的影响形成不同的农业生产要素配置组合，进而呈现出不同的农业生产方式，并最终对乡村的发展产生不同影响。因此，我们有必要分别来讨论农村土地"两权分离"和"三权分置"产权制度安排下农业生产方式的基本形式，以及所表现出的不同乡村发展情况。本章先讨论农村土地"两权分离"的情形，主要包括以下三个方面：一是将农村土地"两权分离"产权制度安排下的农业生产方式划分为三个阶段；二是从土地配置效应、劳动配置效应、资本配置效应和技术配置效应视角下讨论三个阶段农业生产方式的基本表现形式；三是讨论三个不同农业生产方式阶段中的乡村发展情况。

第一节 农村土地"两权分离"产权制度安排下农业生产方式的三个阶段

1978 年,安徽凤阳小岗村的集体土地承包到户开启了家庭联产承包责任制改革的序幕。到 1983 年,实行包干到户的农户比例已经到达 94.5%,自此农村土地产权制度从"集体所有、集体经营"全面转向了"集体所有、家庭承包",形成了农村土地集体统一经营和家庭分散经营的双层经营体制(胡怀国,2021;孙乐强,2021)。在家庭联产承包责任制下,农村土地所有权和承包经营权呈现出"两权分离"特征,这种产权制度安排也决定了农村土地与农业劳动力、农业资本、农业技术水平等农业生产要素的组合方式,进而影响农业生产方式的具体表现形式,并进一步对乡村发展产生影响,这也体现出生产力与生产关系的矛盾运动过程。

生产力决定生产关系,生产关系反作用于生产力。如前所述,在既定的农村土地"两权分离"产权制度安排下,随着生产力水平的不断提高,生产关系也随之发生变化,并进一步影响生产力水平。生产力与生产关系的这种互相作用具体表现为农业生产要素的组合形式的动态变化。如前所述,对于农村土地、农业劳动力、农业资本投入与技术水平等农业生产要素而言,农村土地与农业劳动力在农业生产要素组合的动态变化过程中起基础性和决定性的作用。农业生产方式的变革就体现在农村土地与农业劳动力组合的数量动态调整关系,并在动态变化中农业资本投入与农业技术水平也相应发生变化。从农村土地变化角度来看,集体所有是农村土地产权制度安排的根本前提,生产要素组合的动态变化主要体现在农村土地承包经营权上。也就是说，农村土地①是农户自行耕种还是转给其他主体经营，这将决定农村土地与其他农业生产要素的组合方式。从农业劳动力变化角度来看，这种变化主要体现在两个方面：一方面，在农村土地"两权分离"产权制度安排下，农民获得了土地承包经营权，这有力调动了农民的农业生产积极性，极大地解放了农村生产力。随着农村生产力水平的不断提高，农村开始出现大量剩余劳动力，并带动了农业劳动力的非农转移。另一方面，20世纪80年代以来，乡镇企业的异军突起以及城镇化、工业化水平的不断提高，农业劳动力的大规模非农转移先后呈现出"离土不离乡"、"离土又离乡"与"彻底性流出"特征（谢地、李梓旗，2020）。农村土地的流转与农业劳动力的流动成为农业生产方式动态调整的动力，并进一步影响农业资本的投入数量和构成，以及农业技术水平的发展，几者之间相互联系、相互影响，形成土地配置效应、劳动配置效应、资本配置效应和技术配置效应，并最终带动农业生产方式的调整。

综上所述，在农村土地"两权分离"产权制度安排下，根据农村土地流转与农业劳动力流动的不同阶段，将农业生产方式划分为以下几个阶段：第一个阶段（1978~1991年）的农业生产方式表现为农业劳动力"离土不离乡"背景下农村土地的小农户家庭自主经营。自1978年以后，农村土地"两权分离"产权制度安排释放了大量农业剩余劳动力，大多数剩余劳动力都转移到本地的乡镇企业从事非农工作。这一阶段中农业劳动力呈现出小规模"离土不离乡"式流动特征，农村土地基本以家庭自主经营为主，流转规模较小。因此，该阶段的农村土地呈现出小农户家庭内部劳动力与农村土地相结合的自主经营，财政支农支出与金融机构在推动农业发展过程中也起着积极的作用，农业机械化水平也呈现出不断上升的趋势。第二个阶段（1992~2000年）的农业

---

① 在农村土地"两权分离"产权制度安排下，农村土地流转主要是指农村土地承包经营权流转，但已有文献中更多使用的是农村土地流转。因此，本章中也将农村土地承包经营权流转简称为农村土地流转。

生产方式表现为农业劳动力"离土又离乡"与农村土地小规模流转背景下的小农户家庭自主经营。在农业劳动力数量大幅增加、乡镇企业吸纳农业剩余劳动力能力下降以及国家鼓励农业剩余劳动力向城市转移政策的共同影响下，农业劳动力呈现出"离土又离乡"式流动特征。国家逐步放开农村土地流转的限制，这一阶段的农村土地呈现出小规模的流动，但这种流动更多发生在小农户之间。因此，该阶段的农业生产方式仍然表现为农村土地的小农户家庭自主经营，农业资本投入来源更加多元化，农业机械化水平进一步提高，农业科技投入也逐渐增加。第三阶段（2001~2013年）农业生产方式表现为农业劳动力"彻底性流出"与农村土地大规模流转背景下的小农户家庭自主经营与新型农业经营主体的土地规模经营并存。在一系列促进农村土地流转与农业劳动力城市转移政策的影响下，这一阶段农业劳动力流出呈现出"彻底性流出"特征，农村土地流动规模也大幅提升，农村土地在以小农户家庭自主经营为主体的背景下，也逐渐呈现出新型农业经营主体的适度规模经营，在这一过程中农业资本投入和农业技术水平也发生了重要变化。

综上所述，1978~2013年间三个不同阶段的农业生产要素在数量上呈现出不同的协调发展状态，并表现为不同的农业生产方式特征，进而对乡村发展产生不同的影响。

第二节　第一个阶段：农业劳动力"离土不离乡"背景下农村土地的小农户家庭自主经营（1978~1991年）

改革开放初期，家庭联产承包责任制的普遍实施提高了农民农业生产的积极性，粮食产量大幅提高，农民生活水平不断提升。随着家庭联产承包责任制的不断推进，农村土地政策从禁止流转逐步转向允许流转，农业劳动力出现剩余并表现为"离土不离乡"流动特征，农业生产方式表现为农业劳动力"离土不离乡"背景下农村土地的小农户家庭自主经营，财政支农支出与金融机构在推动农业发展过程中也起着积极的作用，农业机械化水平也呈现出不断上升的趋势。

一、土地配置效应：农村土地流转的逐步放开

对于农村土地而言，从现实角度来看，改革开放初期的小农户并没有流转土地的必要性和可能性（衡霞、张军，2022）。从国家政策角度来看，国家也禁止农村土地的流转。1982年中央一号文件《全国农村工作会议纪要》中强调"社员承包的土地，不准买卖，不准出租，不准转让，不准荒废，否则，集体有权收回"。1984年中央一号文件《中共中央关于一九八四年农村工作的通知》中也明确提出"自留地、承包地均不准买卖，不准出租，不准转作宅基地和其他非农业用地"。20世纪80年代中后期，农村土地开始出现小范围小规模的流转情况。1986年的《中共中央、国务院关于一九八六年农村工作的部署》中明确指出："随着农民向非农产业转移，鼓励耕地向种田能手集中，发展适度规模的种植专业户。"但这一阶段的农村土地流转规模非常小，即使流转也主要发生在同村或者邻村的小农户之间，农村土地仍然是以小农户的家庭自主经营为主。刘守英（2013）根据全国农村固定观察点调查数据进行分析发现，1984~1992年间未流转过土地的农户和流转过部分土地的农户比例分别为93.8%和1.99%。综上所述，农村土地呈现出非常小规模的流转特征，但这种流转更多出现在小农户之间。因此，这一阶段的土地主要配置在小农户手中。

二、劳动配置效应：农业劳动力的"离土不离乡"流动

对于农业劳动力而言，家庭联产承包责任制的普遍实施使得农村生产力水平大幅提高，并进一步导致农村出现大量的剩余劳动力，这也进一步导致农业剩余劳动力的非农转移，这种转移主要有两条路径：第一条路径是农业劳动力的"本地转移"路径。由"社队企业"发展而来

的"乡镇企业"的异军突起促进了农业劳动力的大规模本地非农转移。国家统计局新中国50年系列分析报告统计数据显示①，1984~1988年，乡镇企业的数量年平均增长率高达52.8%，1988年的乡镇企业数量、从业人数和总收入分别高达1888万个、9546万人和4332亿元。此后的1989~1991年，乡镇企业吸纳的农业劳动力人数分别为9367万人、9265万人和9606万人，吸纳人数呈现出小幅波动特征。第二条路径是农业劳动力的城市"异地转移"路径。宋洪远等（2000）将这种转移方式划分为以下几个阶段：（1）禁止农业劳动力向城市转移阶段（1978~1983年）。出于城市商品粮与副食品供给能力不足，以及城市就业压力等原因，1983年以前，国家严格限制农业劳动力向城市转移。例如，1981年的《国务院关于严格控制农村劳动力进城做工和农业人口转为非农业人口的通知》中明确提出了三条具体限制措施：一是严格控制从农村招工；二是认真清理企业、事业单位使用的农村劳动力；三是加强户口和粮食管理。这些相关政策限制了农业劳动力的城市转移。（2）逐步允许农业劳动力向城市转移阶段（1984~1988年）。从农村角度来看，家庭联产承包责任制的实施稳步提升了我国粮食产量水平，并进一步提高城乡居民的生活水平。此外，农村"政社合一"管理体制的改革为农业劳动力的城市转移提供了制度基础。从城市角度来看，国家发展重心从农村转向城市，城市的各项事业发展也需要大量的农业剩余劳动力。因此，国家出台的一系列文件中都开始逐步允许农业剩余劳动力向城市转移，例如1984年和1985年连续两年的中央一号文件（《中共中央关于一九八四年农村工作的通知》和《中共中央、国务院关于进一步活跃农村经济的十项政策》）中都分别部署了农业劳动力的城市落户以及在城市从事经营的领域等问题。特别地，1984年国务院还发布了《关于农民进入集镇落户问题的通知》，通知中重点强调了进城农民落户、保障进城农民合法权益以及乡镇政府加强集镇行政管理三

---

① 资料来源：新中国50年系列分析报告之六：乡镇企业异军突起，www.stats.gov.cn/ztjc/ztfx/xzg50nxlfxbg/200206/t20020605_35964.html。

个方面的问题。宋洪远等（2000）还进一步列举了允许农业劳动力进入城市的几项措施，具体包括：允许国营企业招收农村工人、允许农村集体和农民个人从事长途贩运、支持和鼓励农民兴办交通运输业、允许农民进入集镇落户、大力组织贫困地区劳务输出等。（3）控制农村劳动力的城市转移阶段（1989~1991年）。这种限制政策主要源自两个原因：一是为遏制城市经济发展过热引发的一系列经济问题，国家采取了诸如控制信贷等经济措施，导致城市企业难以继续吸纳农业剩余劳动力。廖宏斌（2021）的统计数据显示，1990年进入城市务工的农业劳动力人数在2000万人左右，与农业适龄劳动力相比占比相对较低。二是作为吸纳农业剩余劳动力主力军的乡镇企业同样受到经济整顿的影响，也在一定程度上影响了农业剩余劳动力的本地非农就业。乡镇企业对农业剩余劳动力吸纳能力的下降导致出现了改革开放以来第一次大规模向城市转移的"民工潮"，而发展政策的影响也使得城市难以吸纳大规模的农业剩余劳动力，进而国家在农业劳动力向城市转移方面出台了一系列控制措施。

从整体角度来看，在这一阶段，农村生产力水平的不断提高以及国家相关政策的影响，农业劳动力出现剩余并不断向非农产业转移。根据李周（2019）的测算，1980~1991年的农业劳动力转移数量分别为2028万人、2050万人、2714万人、3044.7万人、4282.6万人、6713.6万人、7521.9万人、8130.4万人、8161.1万人、8498.3万人、8673.1万人和8906.2万人，增长率分别为3.84%、1.08%、36.11%、12.18%、40.66%、56.76%、12.04%、8.09%、5.91%、-1.31%、2.06%和2.69%。这12年间农业劳动力转移数量从2028万人上升到8906.2万人，上升了339.16%（如图4-1所示）。非农转移的农业剩余劳动力中有部分流向了城市，但从转移数量上来看仍呈现出"离土不离乡"基本特征。因此，这一阶段的劳动配置效应更多体现在推动农村剩余劳动力的"离土"转移。

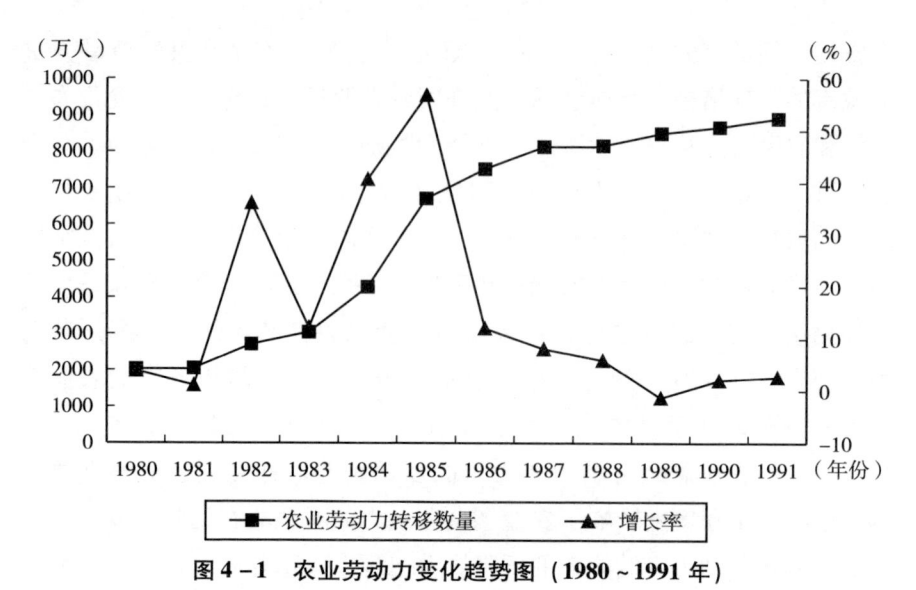

图 4-1 农业劳动力变化趋势图（1980~1991 年）

资料来源：李周. 农民流动：70 年历史变迁与未来 30 年展望 [J]. 中国农村观察，2019 (5)：2-16.

三、资本配置效应：农业开发自筹资金占比高

自改革开放初期家庭联产承包责任制的不断实施，国家在农业上的支出规模也呈现出不断上升的趋势。1979 年 9 月，中国共产党第十一届中央委员会第四次全体会议通过的《关于加快农业发展若干问题的决定》中明确指出，"今后三五年内，农业投资在整个基建投资中的比重将逐步提高到 18%，农业支出在国家总支出中的比重将逐步提高到 8%"，"农业贷款从现在起到 1985 年，要比过去增加 1 倍以上"。自此，农业财政支农政策进入转折期（曾向东、唐启国，2013）。此外，20 世纪 80 年代的 5 个中央一号文件也都从不同角度强调农业资金投入问题，以 1983 年为例，中央一号文件中提出在有限的国家投资基础上"必须广辟资金来源"推动农村建设。财政包干制的实施对中央财政和地方财政的财政支出都产生重要影响。从国家财政支农角度来看，国家

第四章 农村土地"两权分离"、农业生产方式与乡村发展（1978~2013年） 69

财政用于农业支出①的金额呈现出"先下降后上升"的趋势。1979~1981年呈现出下降趋势，从174.33亿元下降到110.21亿元。1982~1991年间则呈现出不断上升的趋势，从1982年的120.49亿元上升到347.57亿元。其中，支援农村生产支出和农林水利气象等部门的事业费呈现出类似的特征，但从整体来看财政支出比例呈现出上升趋势。从国家财政用于农业支出占财政支出的比例来看，这一比例呈现出"先下降后上升"的变化趋势，最低点出现在1985年（7.66%）（如图4-2所示）。

图4-2 国家财政支农情况（1978~1991年）

资料来源：EPS数据库（财政部、国家税务总局）。

在农业综合开发方面，资金来源构成特征如图4-3所示。从图4-3不难发现，农业综合开发资金中自筹资金规模最大，其次是银行贷款，排在第三位的是地方财政配套资金，中央财政资金规模最小。从投入资金规模变化趋势角度来看，中央财政资金、地方财政配套资金、银行贷

---

① 图4-2国家用于农业支出合计包括农垦事业费、农业事业费、畜牧事业费、林业事业费、水利事业费、水产事业费、农机事业费、其他农业事业费以及农业发展专项资金支出等，而图4-3中央财政资金主要是用于农业综合开发，包括土地治理项目和产业化经营项目。

款和自筹资金的规模都呈现出上升趋势。其中，中央财政资金投入从1988年的50267万元上升到1991年的152508.3万元，上升幅度203.40%。地方财政配套资金从1988年的37324.1万元上升到1991年的139653.07万元，上升幅度274.16%。银行贷款从1988年的23332.3万元上升到1991年的111549.48万元，上升幅度高达378.09%。自筹资金从1988年的67445.3万元上升到1991年的163199.4万元，上升幅度141.97%。综上所述，这一阶段的农业投资更多来自自筹资金，银行贷款和（中央和地方）财政支持规模也逐渐增大。

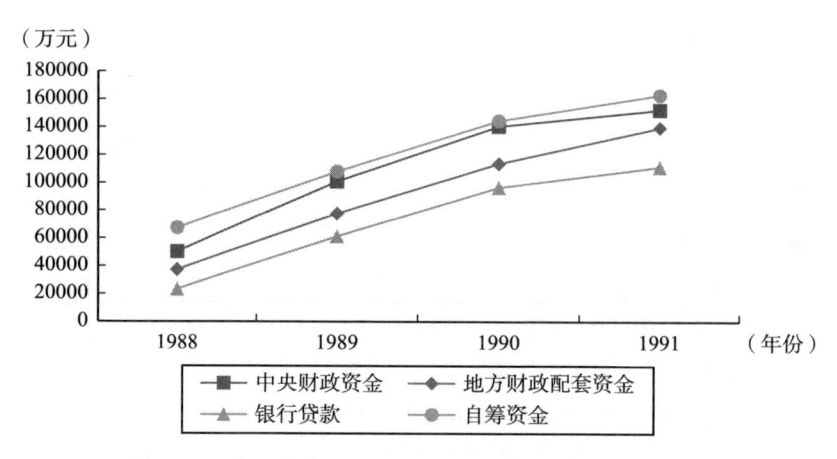

图4-3 农业综合开发投入资金构成（1988~1991年）

资料来源：EPS数据库（财政部、国家税务总局）。

四、技术配置效应：农业机械总动力水平逐年提高

1978~1991年间国家出台了一系列政策推动农业技术水平的提升[①]。1978年1月4日，第三次全国农业机械化会议在北京召开，会议强调了1980年农业机械化水平的基本发展目标。1978年12月22日，

[①] 农业部农业机械试验鉴定总站、中国农业机械化科学研究院、中国农业大学、中国农业机械化协会. 中国农业机械化大事记（1949-2009）[M]. 北京：中国农业出版社，2009.

第四章 农村土地"两权分离"、农业生产方式与乡村发展（1978~2013年） 71

党的十一届三中全会通过的《中共中央关于加快农业发展若干问题的决定（草案）》提出要加快农业机械化的发展速度，1985年农业主要作业的机械化水平达到80%左右。在国家一系列政策的推动和支持下，这一阶段农业的机械化水平呈现出大幅上升的趋势（如图4-4所示）。农业机械总动力水平呈现出大幅度上升趋势，从1978年的11749.91万千瓦上升到29388.6万千瓦，上升幅度高达150.12%。其中小型拖拉机动力水平上升趋势明显（上升幅度为457.42%），而农用大中型拖拉机动力水平上升趋势缓慢（上升幅度52.84%）。

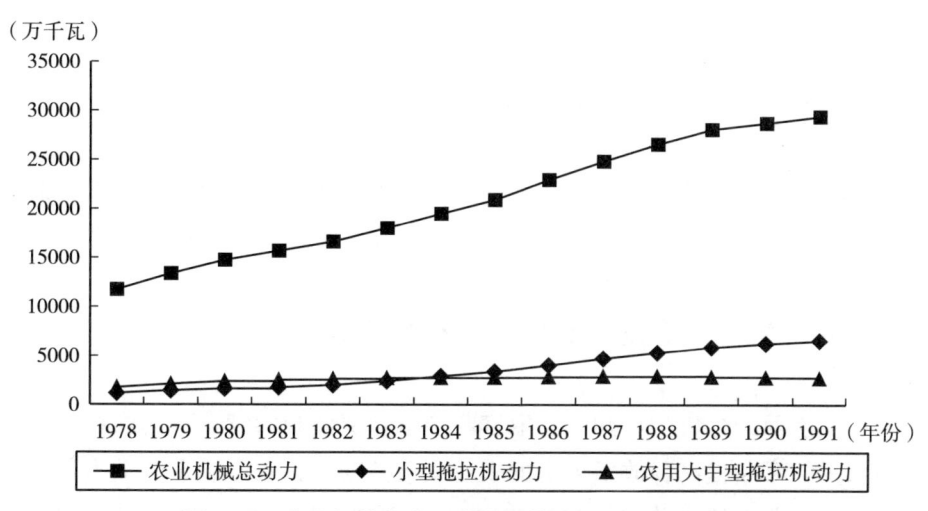

图4-4 农业机械化水平变化趋势（1978~1991年）

资料来源：《中国农村统计年鉴》（1985~1992年）。

此外，在农村土地小农户家庭自主经营背景下，农业的科技化水平处于较低水平。农业绿色生产率水平呈现出先上升后下降的一个变化趋势。家庭联产承包责任制的深入推进实现了绿色生产率的第一个高速增长期，1978~1984年的年均增长率为3.34%。但1984年之后"卖粮难"等问题的出现导致农业绿色生产率增速趋于下降，1985~1991年的年均增长率为1.27%（李谷成，2014）。但这一阶段的农用化肥施用实物量和折纯量都呈现出大幅增加的趋势（如表4-1所示）。与1980

年相比，化肥施用的实物量和折纯量分别增长了 91.84% 和 120.98%。化肥施用量水平的提升不利于农业的绿色化发展。

表 4-1　　　　主要年份化肥施用情况（1978~1991 年）　　　单位：万吨

项目	1978 年	1981 年	1982 年	1983 年	1984 年	1985 年
实物量	4368.1	6176.8	6812.3	7384.5	7495.9	7310.5
折纯量	—	1334.9	1513.4	1659.8	1739.8	1775.8
项目	1986 年	1987 年	1988 年	1989 年	1990 年	1991 年
实物量	7996.0	8377.2	8931.1	9709.1	10551.4	11250.3
折纯量	1930.6	1999.3	2141.5	2357.1	2590.3	2805.1

资料来源：《中国农村统计年鉴》（1985~1992 年）。

综上所述，这一阶段的技术配置效应更多体现在农业机械化水平的不断提升方面，农用的科技化水平和绿色化水平还有待进一步提升。

五、第一个阶段农业生产方式的基本表现形式

从前面的分析中可知，在家庭联产承包责任制的背景下，农村生产力水平的不断提高释放了大量的农业剩余劳动力，农业剩余劳动力不断向乡镇企业转移，并主要呈现出"离土不离乡"特征。同时，小农户的农村土地经历了禁止流转到逐步允许流转的过程，在政策允许的背景下出现了小规模的农村土地流转情况，这种流转更多发生在同村或者邻村的小农户之间，也就是说农村土地也只是流入其他小农户手中，这也就意味着农村土地仍以小农户家庭自主经营为主。与此同时，财政支农支出与金融机构在推动农业发展过程中也起着积极的作用，但农业发展的自筹资金仍占据主要份额，农业机械化水平也呈现出不断上升的趋势。综上所述，在土地配置效应、劳动配置效应、资本配置效应和技术配置效应的综合影响下，第一个阶段的农业生产方式表现为农村土地的小农户家庭自主经营为主。

第三节 第二个阶段：农业劳动力"离土又离乡"与农村土地小规模流转背景下的小农户家庭自主经营（1992～2000年）

1992～2000年间，在一系列国家政策的影响下，农业剩余劳动力的转移呈现出"离土又离乡"特征（张广胜、田洲宇，2018），农村土地的流转规模也进一步提高，在这样的背景下农业资本投入来源更加多元化，农业机械化水平进一步提高，农业科技投入也逐渐增加，农业技术水平也大幅度提升，不同农业生产要素之间形成新的组合方式。在这一阶段，农业生产方式表现为农业劳动力"离土又离乡"与农村土地小规模流转背景下的小农户家庭自主经营。

一、土地配置效应：农村土地的小规模流转

从农村土地流转角度来看，自进入20世纪90年代以来，国家出台了一系列政策进一步允许农村土地的流转。1993年11月，《中共中央、国务院关于当前农业和农村经济发展的若干政策措施》中强调，"在坚持土地集体所有和不改变土地用途的前提下，经发包方同意，允许土地的使用权依法有偿转让"。1995年3月，为了更好地贯彻落实《中共中央、国务院关于当前农业和农村经济发展的若干政策措施》精神，国务院批转农业部《关于稳定和完善土地承包关系意见的通知》中重点强调要建立农村土地承包经营权流转机制，"在坚持土地集体所有和不改变土地农业用途的前提下，经发包方同意，允许承包方在承包期内，对承包标的依法转包、转让、互换、入股，其合法权益受法律保护，但严禁擅自将耕地转为非耕地"。1998年修正的《中华人民共和国土地管理法》第二条规定："土地使用权可以依法转让。"1998年10月，党的十五届三中全会审议通过的《中共中央关于农业和农村工作若干重大问题

的决定》中明确"土地使用权的合理流转,要坚持自愿、有偿的原则依法进行"。从这一系列政策文件不难看出,国家逐步放开了对农村土地流转的限制,这也在进一步推动农村土地流转规模的不断扩大。史常亮(2018)根据全国农村固定观察点数据进行估算发现,1995~2000年村庄的平均土地流转面积分别为68.25亩、60.86亩、77.39亩、83.58亩、92.65亩和104.03亩,流转土地面积占全村土地面积的比例分别为2.89%、2.61%、3.33%、3.56%、4.03%和4.49%。通过这些数据不难发现,农村(村庄)土地流转面积和占全村土地面积比重基本呈现出逐年上升的变化趋势。虽然农村土地流转规模呈现出上升趋势,但流转数量仍然较低,流转主体也更多是村内或者邻村的其他小农户。因此,土地配置过程中更多还是以小农户家庭自主经营为主。

二、劳动配置效应:农业劳动力的"离土又离乡"流动

从农业劳动力流动角度来看,农业剩余劳动力转移呈现出"离土又离乡"特征,即越来越多的农业剩余劳动力向城市转移。以2000年为例,全国农业剩余劳动力转移人数为11340万人,城镇就业(65.8%)比在本乡就业(45.9%)的比例高19.9%(雷超超,2013)。造成农业剩余劳动力"离土又离乡"转移的原因主要包括以下几个方面:(1)农业劳动力数量的大幅增加。与1978年相比,1991年农业劳动力占全社会劳动力的比重已经由70.5%下降到59.7%,但农业劳动力的绝对量却从28318万人上升到38685万人,提高了36.61%(宋洪远等,2000)。这也导致了人地矛盾更加突出,进一步要求转移更多的农业剩余劳动力。(2)乡镇企业吸纳农业剩余劳动力能力下降。1978~1991年间,乡镇企业正处于兴起与快速发展阶段,吸收了大量的农业剩余劳动力进入企业工作。但在1992~2001年间,乡镇企业逐渐进入发展艰难时期(1992~1996年)和衰落时期(1997~2001年)(汤鹏主,2013)。汤鹏主(2013)指出,1992~1996年乡镇企业艰难发展阶段吸纳农业剩余劳动力的数量不断下降,就业弹性依次为0.28、0.26、

0.24、0.20 和 0.14。在 1997~2001 年间的乡镇企业衰落时期，乡镇企业从业人员分别为 1.3 亿人、1.25 亿人、1.27 亿人、1.28 亿人和 1.27 亿人，占农村劳动力总数比重分别为 28.29%、27%、27.09%、25.7% 和 25.94%。与"八五"时期乡镇企业对农业剩余劳动力的吸纳能力相差甚远。(3) 国家鼓励农业剩余劳动力向城市转移政策的影响。1992 年，党的十四大确立了"我国经济体制改革的目标是建立社会主义市场经济体制"，这也标志着我国的改革开放和现代化建设进入全新的阶段。新阶段背景下东部沿海地区的快速发展，以及外资企业的不断出现，大幅提高了劳动力需求（雷超超，2013）。进一步地，国家也相继出台了一系列措施促进农业剩余劳动力向城市转移。1991 年 1 月，《劳动部、农业部、国务院发展研究中心关于建立并实施中国农村劳动力开发就业试点项目的通知》中明确要选择若干省市开展农业就业的试点。具体来说，国家试图通过第一阶段（1991~1994 年）和第二阶段（1994~1996 年）在不同地区的就业试点，并利用调整农村产业结构、组织农业剩余劳动力的区间流动、计划与市场调节相结合、提供农业剩余劳动力社会化服务体系以及加强小城镇建设等方式促进农业劳动力的就业。随着农业剩余劳动力数量的增加，国家又相继出台一系列管理制度来引导和规范农业劳动力的城市流动，包括《农村劳动力跨省流动就业管理暂行规定》（1994 年）、《促进劳动力市场发展，完善就业服务体系建设的实施计划》（1994 年）、《关于加强流动人口管理工作的意见》（1995 年）、《关于进一步做好组织民工有序流动工作的意见》（1997 年）、《关于贯彻〈关于实施社区"千校百万"外来务工青年培训计划的意见〉的通知》（1997 年）等。从图 4-5 中不难发现，农业劳动力转移总量呈现出大幅上升趋势，与 1992 年的 9764.6 万人相比，2000 年的农业劳动力转移总量已经达到 15164.6 万人，上升幅度高达 55.3%。从农业劳动力转移总量占农业劳动力比重角度来看，这一比重呈现出小幅上升的趋势，从 1992 年的 22.29% 上升到 2000 年的 31.62%。从农业劳动力转移的增长率角度来看，增长率呈现出"先下降后上升"的趋势。最高点出现在 1993 年（12.63%），增长率最低点出现在 1999 年（1.3%）。

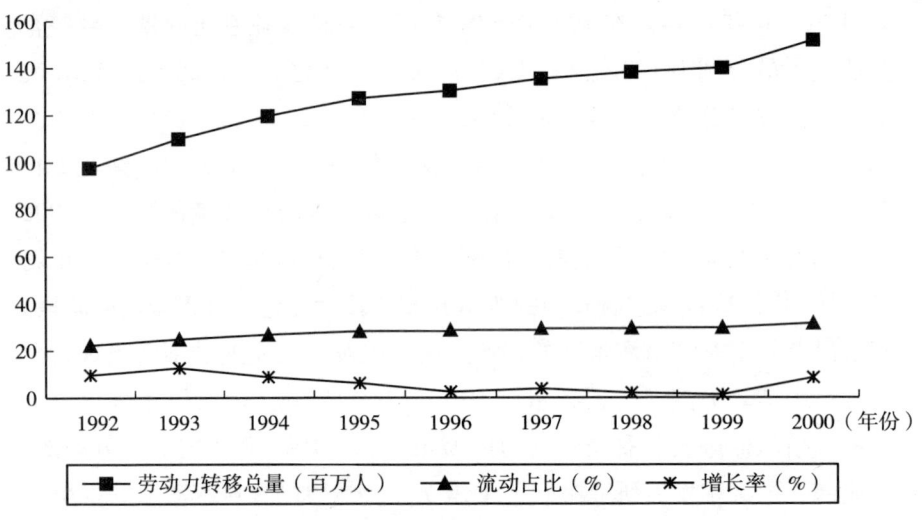

图 4-5 农业劳动力转移变化趋势（1992~2000 年）

资料来源：李周. 农民流动：70 年历史变迁与未来 30 年展望 [J]. 中国农村观察，2019 (5)：2-16.

三、资本配置效应：财政支农规模不断加大

进入 20 世纪 90 年代，政府的职能转变以及市场在资源配置中基础性作用的增强也进一步提高了国家财政对"三农"的支出规模（曾向东、唐启国，2013）。从图 4-6 中不难发现，国家财政用于农业支出的规模一直呈现出上升趋势，从 1992 年的 376.02 亿元上升到 2000 年的 1231.54 亿元，上升幅度高达 227.52%。随着国家财政用于农业支出规模的提高，支援农村生产支出和农林水利气象等部门的事业费也随之增加。从国家财政用于农业支出占财政支出的比例来看，这一比例呈现出逐年下降的趋势，其中 1998 年的占比较高，原因在于 1998 年特大洪水导致财政"三农"支出的规模变大。从整体上来看，国家财政用于农业支出占财政支出比例从 1992 年的 10.05% 下降到 2000 年的 7.75%。

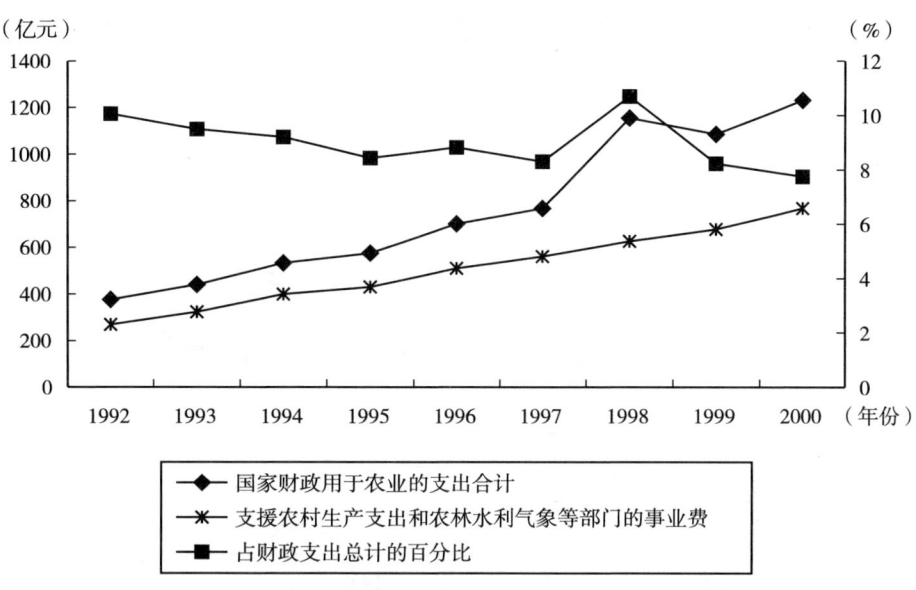

第四章 农村土地"两权分离"、农业生产方式与乡村发展（1978~2013年） 77

图 4-6 国家财政支农情况（1992~2000年）

资料来源：EPS 数据库（财政部、国家税务总局）。

进一步地，在农业综合开发方面，农业资本的投入构成也发生了变化。从图 4-7 中不难发现，投入规模从大到小依次为自筹资金、中央财政资金、地方财政配套资金和银行贷款。具体来讲，1992~2000 年自筹资金整体呈现出大规模上升后下降的趋势：从 1992 年的 216749.16 万元上升到 1999 年的 736624.82 万元（与 1993 年相比，1994 年有小幅下降），上升幅度 239.85%；与 1999 年相比，2000 年（602908.37 万元）呈现出下降趋势，下降幅度 18.15%。与 1988~1991 年相比，1992~2000 年间中央财政资金规模从第四位上升到第二位，且中央财政资金整体呈现出上升趋势，从 1992 年的 157720.9 万元上升到 2000 年的 676790.91 万元，上升幅度高达 329.11%。地方财政配套资金排在第三位，整体规模也呈现出上升趋势，从 1992 年的 139149.17 万元上升到 2000 年的 572010.2 万元，上升幅度高达 311.08%。与 1988~1991 年相比，1992~2000 年间的银行贷款规模从第二位下降到第四位，且银行贷款规模呈现出"上升—下降—上升—下降"的波动性变化趋势，最低规模出现在 1992 年（109288.29 万元），最高规模出现在 1999 年（210188.94 万元）。

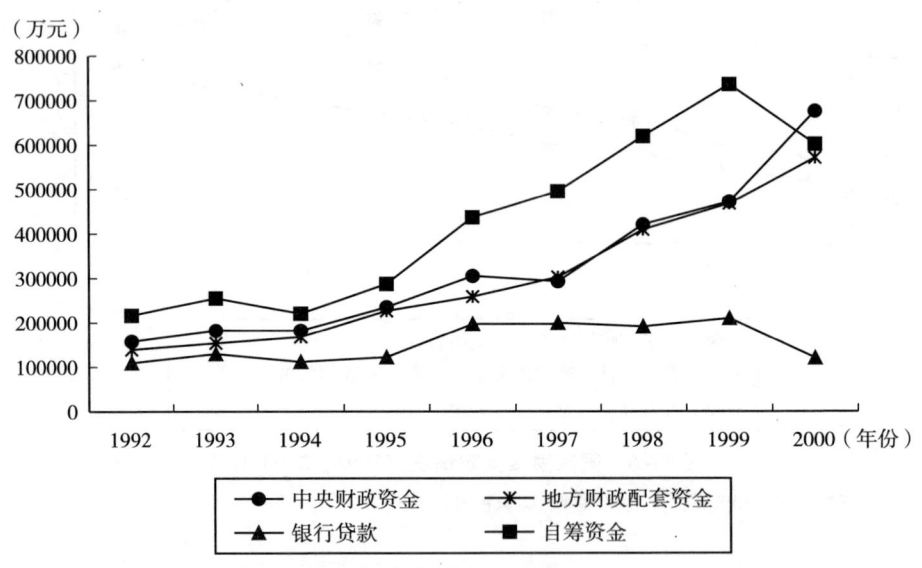

图 4-7　农业综合开发投入资金构成（1992~2000 年）

资料来源：EPS 数据库（财政部、国家税务总局）。

此外，这一阶段国家也开始有条件地限制工商资本下乡（冯娟，2021），原因在于 20 世纪 90 年代农村产业化水平不断提高背景下，小农户家庭经营很难适应大市场中的农产品需求升级，工商资本下乡可开展农业适度规模经营进而推动与大市场的有效衔接（汪婷、费罗成，2022）。因此，工商资本有条件下乡也正是解决这一困境的可行路径（曾博，2018）。

综上所述，这一阶段农业投资来源更加多元化，自筹资金、（中央和地方）财政支持规模、银行贷款以及工商资本都在不同程度上推动农业发展，并在农业生产方式变革中起着关键性的作用。

四、技术配置效应：从农业机械化优惠政策转向市场化发展

20世纪90年代，我国明确了建立社会主义市场经济的经济体制改革目标，使得80年代以来的各项农业机械化优惠政策逐渐被市场化政策所替代，市场化改革背景下国家农业机械化政策从直接扶持转向农业科研以及农业机械化推广等间接政策，这一期间国家也出台了一系列支持政策[①]。自1992年以后，农业部、人事部等部门相继颁发了《乡镇农业技术推广机构人员编制标准（试行）》《关于进一步加强基层农机服务体系建设的意见》《农机监理管理办法》《关于进一步搞好农机安全管理工作的通知》《机械工业部职能配置、内设机构和人员编制方案》《农业机械维修工人技术考核办法》《关于做好农机化技术推广工作的通知》等一系列政策文件。在这一系列政策的支持下，1992~2000年的农业机械总动力水平仍然呈现出上升趋势，从1992年的3030.8亿瓦上升到2000年的5257.4亿瓦，上升幅度达到73.47%。大中型拖拉机呈现出先下降后上升的趋势，这主要是由于1995年新一轮农业机械化热潮扭转了大中型拖拉机数量下降的趋势（郭姝宇，2011）。大中型拖拉机配套农具以及小型拖拉机数量也都呈现出上升趋势，这一期间分别上升了34.10%和68.43%（如图4-8所示）。

在直接扶持农业机械化向支持农业科研的转变过程中，国家也开始加大农业科技的投入力度。截至2000年，农业科研上的科研项目资助超过70项，经费额度近2200万元（郭姝宇，2011）。1993年7月，第八届全国人大常委会第二次会议通过的《中华人民共和国农业技术推广法》明确要求注重良种繁育、施用肥料、病虫害防治、栽培和养殖技术、农田水利、土壤改良与水土保持技术，以及农业气象技术等。1995年8月8日，农业部发布的《加强农机化外经工作的意见》中强调要把

---

① 农业部农业机械试验鉴定总站、中国农业机械化科学研究院、中国农业大学、中国农业机械化协会. 中国农业机械化大事记（1949-2009）[M]. 北京：中国农业出版社，2009.

农机化外经工作与促进农业技术进步相结合,不断提高农业综合生产能力。

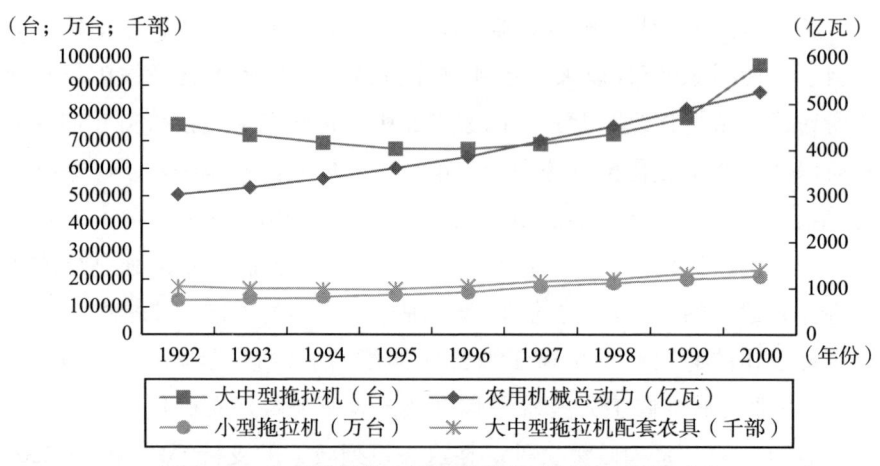

图4-8 农业机械化水平变化趋势(1992~2000年)

资料来源:《中国农村统计年鉴》(1993~2001年)。

农业生产过程中的化肥、地膜和农药施用量是农业绿色发展的重要影响因素。从表4-2可知,农业化肥施用量(折纯量)一直呈现出逐年上升的趋势。从1992年的2930.2万吨上升到2000年的4146.4万吨,上升幅度达到41.51%。从农用塑料薄膜使用量角度来看,除了1993年有小幅下降之外,1994~2000年间基本都处于逐步上升的趋势。从1992年的78.0611万吨上升到2000年的133.5446万吨,上升幅度为71.08%。从农药使用量角度来看,除了2000年有小幅下降之外,1992~1999年间的农药使用量基本处于逐步上升的趋势,从1992年的79.5万吨上升到1999年的132.2万吨,上升幅度达到66.29%。化肥、地膜和农药使用量的加大,也在一定程度上对农业的绿色发展产生不利影响(闵继胜,2016)。

表 4-2　　　　化肥、地膜和农药使用情况（1992~2000 年）　　　单位：万吨

项目	1992 年	1993 年	1994 年	1995 年	1996 年
化肥	2930.2	3151.9	3317.9	3593.7	3827.9
地膜	78.0611	70.7321	88.7064	91.5487	105.6151
农药	79.5	84.4	97.9	108.7	114.1

项目	1997 年	1998 年	1999 年	2000 年
化肥	3980.7	4085.6	4124.3	4146.4
地膜	116.1532	120.6867	125.8674	133.5446
农药	119.5	123.2	132.2	128.0

资料来源：《中国农村统计年鉴》（1993~2001 年）。

综上所述，这一阶段的技术配置效应不仅体现在农业机械化水平的提升，也进一步体现在农业科技化水平方面，但农业绿色方面还存在诸多不足。

五、第二个阶段农业生产方式的基本表现形式

与第一阶段有所不同，农业劳动力流动呈现出"离土又离乡"特征，农村土地流转规模进一步扩大，此时的农村土地流转仍然以小农户之间流转为主体，这同样说明农村土地仍以小农户的家庭自主经营为主。但这一阶段农业资本投入来源更加多元化，农业机械化水平进一步提高，农业科技投入也逐渐增加。综上所述，不同农业生产要素组合进一步发生了变化，但这些农业生产要素的组合仍然限于农村内部，这一阶段的农业生产方式表现为农业劳动力"离土又离乡"与农村土地小规模流转背景下的小农户家庭自主经营。

第四节 第三个阶段：农业劳动力"彻底性流出"与农村土地大规模流转背景下的小农户家庭自主经营与新型农业经营主体的土地规模经营并存（2001~2013年）

2001~2013年，农业剩余劳动力的城市转移呈现出"彻底性流出"特征，农村土地也逐步呈现出大规模流动特征，在农村土地与农业劳动力所呈现出的新特征的同时也伴随着农业资本的投入以及农业技术水平的变化，进而形成新的农业生产要素组合方式，这一阶段的农业生产方式呈现出农业劳动力"彻底性流出"与农村土地大规模流转背景下，小农户家庭自主经营与新型农业经营主体的土地规模经营并存特征。

一、土地配置效应：农村土地的大规模流转

从农村土地角度来看，国家进一步出台相关政策推进农村土地的流转。2002年8月，第九届全国人民代表大会常务委员会第二十九次会议通过的《中华人民共和国农村土地承包法》第三十二条至第四十三条详细规定了农村土地流转的形式、原则、程序等。进一步地，2002年11月，《中共中央关于做好农户承包地使用权流转工作的通知》中从农村土地承包使用权流转的前提、原则、范围以及加强对农户承包地使用权流转工作的领导等几个方面作出了规定。2005年1月，农业部发布的《农村土地承包经营权流转管理办法》中对农村土地承包经营权流转的当事人、流转方式、流转合同、流转管理等方面进行了详细规定。2007年3月，《中华人民共和国物权法》第一百二十八条规定："土地承包经营权人依照农村土地承包法的规定，有权将土地承包经营权采取转包、互换、转让等方式流转。流转的期限不得超过承包期的剩余期限。未经依法批准，不得将承包地用于非农建设。"

第四章　农村土地"两权分离"、农业生产方式与乡村发展（1978~2013年）　83

此外，自2004年起①，中共中央、国务院再次连续发布以"三农"问题为主题的中央一号文件，对农村土地流转也作出了一系列部署。2004年12月，《中共中央、国务院关于进一步加强农村工作提高农业综合生产能力若干政策的意见》中明确："承包经营权流转和发展适度规模经营，必须在农户自愿、有偿的前提下依法进行，防止片面追求土地集中。"2005年12月，《中共中央、国务院关于推进社会主义新农村建设的若干意见》中强调："健全在依法、自愿、有偿基础上的土地承包经营权流转机制，有条件的地方可发展多种形式的适度规模经营。"2006年12月，《中共中央、国务院关于积极发展现代农业扎实推进社会主义新农村建设的若干意见》中强调"坚持农村基本经营制度，稳定土地承包关系，规范土地承包经营权流转"。2007年12月，《中共中央、国务院关于切实加强农业基础建设进一步促进农业发展农民增收的若干意见》中强调"按照依法自愿有偿原则，健全土地承包经营权流转市场。"2008年12月，《中共中央、国务院关于2009年促进农业稳定发展农民持续增收的若干意见》中列出一部分专门讨论建立健全土地承包经营权流转市场。2009年12月，《中共中央、国务院关于加大统筹城乡发展力度进一步夯实农业农村发展基础的若干意见》中明确："加强土地承包经营权流转管理和服务，健全流转市场，在依法自愿有偿流转的基础上发展多种形式的适度规模经营。"2011年12月，《中共中央、国务院关于加快推进农业科技创新持续增强农产品供给保障能力的若干意见》中强调"按照依法自愿有偿原则，引导土地承包经营权流转，发展多种形式的适度规模经营，促进农业生产经营模式创新"，并要求在"2012年基本完成覆盖农村集体各类土地的所有权确权登记颁证"。2012年12月，《中共中央、国务院关于加快发展现代农业进一步增强农村发展活力的若干意见》中强调："坚持依法自愿有偿原则，引导农村土地承包经营权有序流转，鼓励和支持承包土地向专业大户、

---

① 1982~1986年，中央连续发布了5个中央一号文件。时隔18年，即自2004年起，中央再次连续发布中央一号文件。

家庭农场、农民合作社流转，发展多种形式的适度规模经营。"在一系列政策的推动下，农村土地流转面积大幅提高。根据农业部以及历年中国农村经营管理情况统计年报的数据，2005年和2013年的农村土地流转面积分别为0.38亿亩和3.41亿亩，占全国农村土地总面积的比重分别为3.07%和26%（史常亮，2018）。从图4-9中不难发现，2005~2013年间的农村土地流转面积呈现出大幅上升的趋势，从2005年的0.38亿亩上升到2013年的3.41亿亩，上升幅度高达797.37%，这也意味着农村土地流转面积占比也处于上升趋势，从2005年的3.07%上升到2013年的26%。虽然农村土地流转面积与占比都呈现出上升趋势，但农村土地流转面积增速却呈现出波动性特征。增速最低年份出现在2007年（14.37%），最高年份出现在2008年（70.31%）。

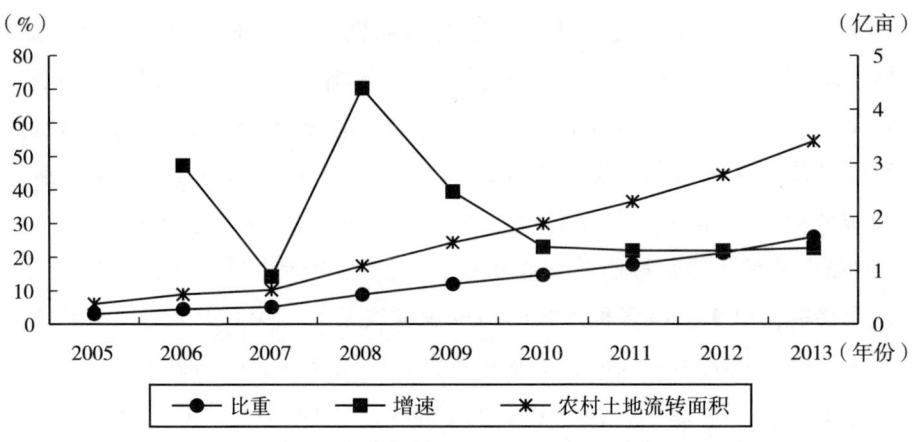

图4-9 主要年份农村土地流转变化趋势（2005~2013年）

资料来源：农业部、历年《中国农村经营管理统计年报》。

此外，刘守英（2013）研究还发现，农村土地流转比例和增长速度也呈现出区域差异性（见表4-3）。以2001年为例，从农村土地流转比例角度来看，上海的农村土地流转率已经高达58.2%，北京、江苏和浙江的农村土地流转率也已经超过40%，广东也高达25.8%。从农村土地流转增长幅度角度来看，甘肃的增长幅度高达88.3%，河南、山西、河北和宁夏也都达到 40%～51%，辽宁和湖北在 35%～40%，贵州、山东和安徽也都在 26%～30%。从这些数据不难发现，农村土地大规模流转的变化趋势。

表 4-3　　　　　2011 年农村土地流转和增速的区域差异　　　　单位：%

农村土地流转率				
上海	北京	江苏	浙江	广东
58.2	46.2	41.2	40.3	25.8

农村土地流转增长幅度									
甘肃	河南	山西	河北	宁夏	辽宁	湖北	贵州	山东	安徽
88.3	50.9	49.5	45.8	41.4	39.3	35.2	29.6	27.4	26.8

资料来源：刘守英．中国的农业转型与政策选择 [J]．行政管理改革，2013 (12)：27-31．

综上所述，这一阶段的农村土地流转规模呈现出大幅上升趋势，流转也不仅局限于小农户之间，也有更多农村土地流入新型农业经营主体手中，农村土地经营呈现出小农户与新型农业经营主体并存的特征。

二、劳动配置效应：农业劳动力的"彻底性流出"与人才下乡

从农业剩余劳动力流动角度来看，受到国内外经济环境的影响[①]，国家出台了一系列政策鼓励农业剩余劳动力的城市转移，并重点强调要保障进城农民的合法权益，在城乡统筹发展基础上逐步建立统一的劳动力市场，为他们提供良好的就业环境。具体政策如表 4-4 所示。

---

① 2001 年 12 月 11 日，中国正式加入世界贸易组织，成为世界贸易组织成员方，国内外市场环境的变化对农业剩余劳动力的城市转移具有重要的影响。

表 4-4　　　　　　　引导和保障进城农民权益政策一览表

时间	文件名称	主要内容
2000 年 6 月	《中共中央、国务院关于促进小城镇健康发展的若干意见》	通过发展小城镇加快农业剩余劳动力的转移
2001 年 3 月	《关于推进小城镇户籍管理制度改革的意见》（公安部 2001 年 3 月 19 日）	取消一系列对农民进城就业的不合理限制
2001 年 10 月	《国家计委、财政部关于全面清理整顿外出或外来务工人员收费的通知》	除了证书工本费以外，诸如暂住费、暂住（流动）人口管理费等行政事业性收费一律取缔
2002 年 11 月	党的十六大报告	农村富余劳动力向非农产业和城镇转移，是工业化和现代化的必然趋势；消除不利于城镇化发展的体制和政策障碍，引导农村劳动力合理有序流动
2003 年 9 月	《关于进一步做好进城务工就业农民子女义务教育工作的意见》（教育部等六部委，2003 年 9 月 17 日）	将进城务工就业农民子女义务教育工作纳入当地普及九年义务教育工作范畴和重要工作内容
2003 年 12 月	《中共中央、国务院关于促进农民增加收入若干政策的意见》	通过"保障进城就业农民的合法权益"和"加强对农村劳动力的职业技能培训"改善农民进城就业环境，增加外出务工收入
2004 年 12 月	《中共中央、国务院关于进一步加强农村工作提高农业综合生产能力若干政策的意见》	加大财政收入，注重农业职业技能的培训，不断加快农业劳动力的转移
2005 年 11 月	《劳社部关于进一步做好职业培训工作的意见》	实施"农村劳动力技能就业计划"，积极开展农村劳动力转移培训，提高转移就业效果
2005 年 12 月	《中共中央、国务院关于推进社会主义新农村建设的若干意见》	从取消农民进入城市不合理限制、完善城乡就业公共服务体系、工资保障、劳动合同、社会保障制度等方面来保障进城务工农民的合法权益

第四章 农村土地"两权分离"、农业生产方式与乡村发展（1978~2013年） 87

续表

时间	文件名称	主要内容
2006年3月	《国务院关于解决农民工问题的若干意见》	"抓紧解决农民工工资偏低和拖欠问题""依法规范农民工劳动管理""搞好农民工就业服务和培训""积极稳妥地解决农民工社会保障问题""切实为农民工提供相关公共服务""健全维护农民工权益的保障机制""促进农村劳动力就地就近转移就业"
2006年12月	《中共中央、国务院关于积极发展现代农业扎实推进社会主义新农村建设的若干意见》	根据产业发展需求，创新培训模式，完善农民进城就业制度保障，加快解决进城农民子女上学、工伤、医疗和养老保障等问题
2008年1月	《中共中央、国务院关于切实加强农业基础建设进一步促进农业发展农民增收的若干意见》	通过规范城乡平等就业制度、改革城市户籍制度、保障工资支付制度、完善社会保障制度、改善居住条件、提供子女入学政策支持等方面加强进城农民权益
2008年12月	《中共中央、国务院关于2009年促进农业稳定发展农民持续增收的若干意见》	重点强调进城农民就业难、工资下降问题，从工资发放、企业灵活用工、拓宽进城农民就业渠道、加大农民技能培训等方面扩大农村劳动力就业
2009年12月	《中共中央、国务院关于加大统筹城乡发展力度进一步夯实农业农村发展基础的若干意见》	注重进城农民工作的就业指导和服务力度，进一步健全进城农民的社会保障制度，以及保障子女入学等问题
2012年12月	《中共中央、国务院关于加快发展现代农业进一步增强农村发展活力的若干意见》	强调将进城农民城镇落户作为人口城镇化的重要任务，不断推进户籍制度改革，不断放宽进城农民的落户条件，不断保障进城农民的各项基本权益

从表4-4中不难发现，自进入21世纪以来，国家开始取消一系列限制农业劳动力向城市转移的规定，开始强调农业劳动力对城市发展的重要性，并逐步建立起一套保障进城农民工权益的政策措施，这在一定程度上推动了这一阶段农业劳动力的城市转移。从图4-10中不难发现，2001~2013年这13年间的农业劳动力转移数量呈现出"先上升—小幅下降—再上升"的特征。其中，2001~2007年一直处于上升的趋势，从2001年的15778万人上升到2007年的22795万人，上升幅度高

达 44.47%，这一时期的增长率一直处于较高水平的 4.04%~7.84%。2008 年的农业劳动力转移数量为 22542 万人，下降了 1.11%，这与 2008 年全球金融危机有着密切的关系。进入 2009 年后，农业剩余劳动力的数量又进一步呈现出上升趋势，从 2009 年的 22978 万人上升到 2013 年的 26894 万人，上升幅度高达 17.04%。

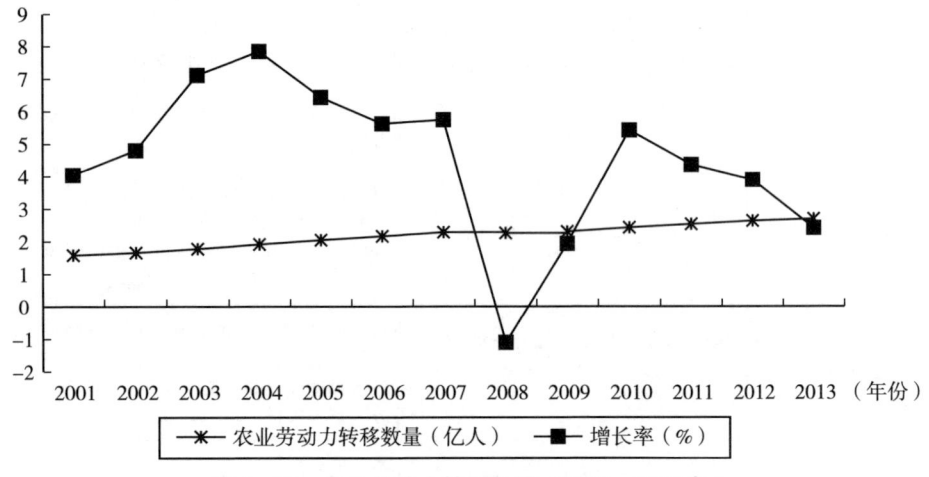

图 4-10　农业劳动力转移数量（2001~2013 年）

资料来源：其中 2001~2007 年农业劳动力转移数量的数据来源于李周．农民流动：70 年历史变迁与未来 30 年展望［J］．中国农村观察，2019（5）：2-16；2008~2013 年农业劳动力转移数量数据来源于各年《人力资源和社会保障事业发展统计公报》。

综上所述，农业剩余劳动力的城市转移有利于优化农业生产过程中的劳动力供给，并带动了城镇化水平的提升。此外，这一阶段新型农业经营主体的发展壮大也体现出乡村外出能人返乡创业，并进一步带动各类城市人才下乡参与乡村建设。

三、资本配置效应：中央财政支出规模高于自筹资金

进入 21 世纪以来，国家将"三农"问题作为全党工作的重中之重，财政支农政策也发生了根本性转变，并陆续开始实施"四减免"

第四章 农村土地"两权分离"、农业生产方式与乡村发展（1978~2013年）

（减免农业税、牧业税、农业特产税和屠宰税）和"四补贴"（粮食直补、农资综合直补、良种补贴和农机局购置补贴）政策（曾向东、唐启国，2013），国家对农业的支持力度也一直在增加。从图4-11可知[①]，国家财政用于农业支出的规模依然呈现出上升趋势，从2001年的1456.73亿元上升到2006年的3172.97亿元，上升幅度高达117.81%。国家财政用于农业支出规模的提高也使得支援农村生产支出和农林水利气象等部门事业费呈现出同步增加趋势。但从国家财政用于农业支出占财政支出的比例来看，这一比例呈现出"下降—上升—下降—上升"的波动性变化趋势。其中，2003年占比最低，为7.17%；2004年占比最高，为8.21%。

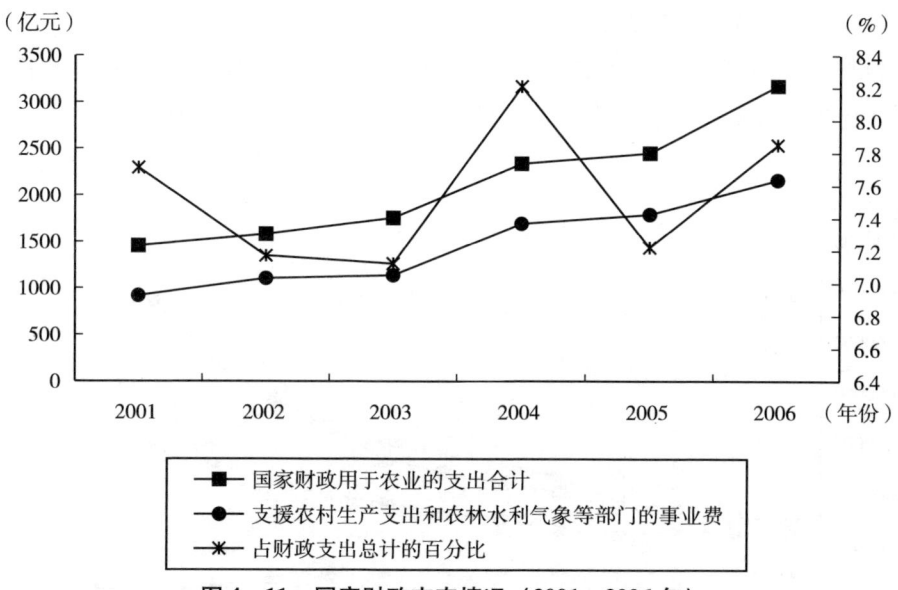

图4-11 国家财政支农情况（2001~2006年）

资料来源：EPS数据库（财政部、国家税务总局）。

从农业综合开发角度来看，农业资本投入构成又呈现出新的特征。

[①] 限于统计口径以及数据可获得性等原因，此处只展示了2001~2006年的数据。

如图4-12所示，投入规模从大到小依次为中央财政资金、自筹资金、地方财政配套资金和银行贷款。2001~2013年，中央财政资金支农力度一直呈现出大规模上升趋势。其中，2001~2007年上升幅度较小，2008~2013年间上升幅度较大。从整体角度来看，从2001年的708629.6万元上升到2013年的3274494.02万元，上升幅度达到362.09%。与1992~2000年间相比，多数年份自筹资金规模从第一位下降到第二位，呈现出"上升—下降—上升—下降—上升"的动态特征，但从整体角度来看投入规模呈现出上升趋势。从2001年的579055.6万元上升到2013年的1401406.31万元，上升幅度达到142.02%。地方财政配套资金排在第三位，与中央财政资金呈现出不同的增长的趋势，从2001年的594679.9万元上升到2013年的1588565.44万元，上升幅度高度167.13%。这一时期的银行贷款呈现出平稳下降趋势。其中，2001~2009年银行贷款规模基本保持稳定，但2010~2013年则呈现出大幅下降趋势。从整体角度来看，这一期间的下降幅度达到76.10%。

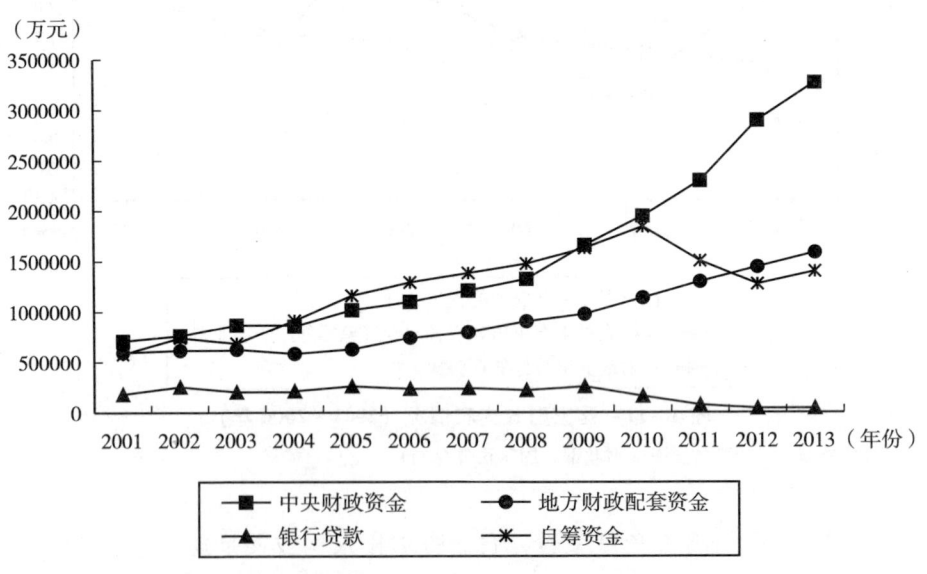

图4-12 农业综合开发投入资金构成（2001~2013年）

资料来源：EPS数据库（财政部、国家税务总局）。

进入21世纪，工商资本下乡进入逐步放宽的阶段（冯娟，2021）。特别是2004年以来，中央一号文件逐步开始鼓励和引导工商资本下乡。2004年中央一号文件中明确指出"积极运用税收、贴息、补助等多种经济杠杆，鼓励和引导各种社会资本投向农业和农村"。2005年的中央一号文件强调通过"鼓励社会资本积极投资开发农业和建设农村基础设施"来完善农业投资管理体制。2006年的中央一号文件提出允许私有资本来加快农村金融体系的建设，为农村经济发展提供支持。2012年的中央一号文件又进一步提出"鼓励民间资本进入农村金融服务领域，支持商业银行到中西部地区县域设立村镇银行"。2013年的中央一号文件又明确"鼓励和引导城市工商资本到农村发展适合企业化经营的种养业"，还指出要鼓励工商资本通过兴办医疗卫生、教育培训等方式建设新农村。

综上所述，这一阶段中央财政和自筹资金支持仍然是农业投资的主要来源，银行贷款的支农力度在下降，而国家对工商资本下乡的逐步放开使得其在农业发展中扮演重要角色。

四、技术配置效应：政府与市场互补背景下的有效配置

进入21世纪，农业综合发展水平有了显著提高，农业机械化发展呈现出政府支持与市场化配置相结合的特征（郭姝宇，2011）。在1992~2000年间农业机械化市场化配置占据重要位置的背景下，2001年以来政府再次加大了农业机械化发展的扶持力度。《全国农业和农村经济发展的第十个五年计划》（2001年）、《全国农业机械化发展第十一个五年计划》（2006年）和《全国农业机械化发展第十二个五年计划》（2011年）中都从不同角度规划和支持农业机械化的发展和农业科技投入。此外，2004~2013年的中央一号文件也都提出要为农业机械化发展提供农机购置补贴，并根据农业机械化发展情形不断补充和完善相关措施。在一系列政策的支持下和市场化发展推动下，农业机械化水平得到进一步发展。从图4-13中不难发现，2001~2013年间的农业机械化

总动力水平仍然呈现出不断上升的趋势,从 2001 年的 5517.2 亿瓦上升到 2013 年的 10390.7 亿瓦,上升幅度达到 88.33%。大中型拖拉机和大中型拖拉机配套农具呈现出相似的上升趋势。其中,2001~2005 年,大中型拖拉机和大中型拖拉机配套农具的上升幅度相对较小(58.36%),但在国家一系列政策的支持下,2006~2013 年,这两类农业机械一直呈现出大幅增加的趋势(206.72%)。但从小型拖拉机角度来看,这一时期内的变化相对较少,上升幅度仅为 34.27%。

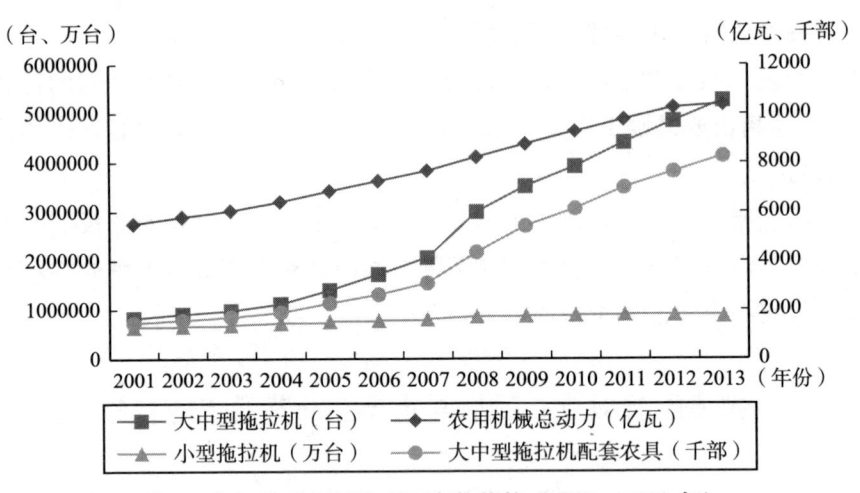

图 4-13 农业机械化水平变化趋势(2001~2013 年)

资料来源:《中国农村统计年鉴》(2002~2014 年)。

2003 年 10 月,中国绿色食品协会在联合国亚太理事会上根据我国生态农业发展经验提出了"绿色农业"概念,自此之后我国的绿色农业发展水平不断提高。进入 2008 年后,绿色农业发展水平仍然在不断提高,但是发展速度有所下降(刘子飞,2016)。农业生产过程中的化肥、地膜和农药使用情况仍然是影响农业绿色发展的重要因素(如表 4-5 所示)。从化肥施用角度来看,化肥施用的折纯量一直处于上升的趋势,从 2001 年的 4253.8 万吨上升到 2013 年的 5911.9 万吨,上升幅度达到 38.98%。从地膜角度来看,农用塑料薄膜使用量也是一直呈现出上升的趋势，从 2001 年的 144.9 万吨上升到 2013 年的 249.3 万吨，上升幅度达到 72.05%。从农药的使用量角度来看，2001~2012 年间农药的使用量一直呈现出上升的趋势，从 2001 年的 127.5 万吨上升到 2012 年的 180.6 万吨，上升幅度达到 41.65%，但农药使用量 2013 年首次呈现出小幅下降趋势。从这些数据不难发现，化肥和地膜使用量依然在增加，但农药使用量已经开始有下降趋势。

表 4-5　　化肥、地膜和农药使用情况（2001~2013 年）　　单位：万吨

项目	2001 年	2002 年	2003 年	2004 年	2005 年	2006 年	2007 年
化肥	4253.8	4339.4	4411.6	4636.6	4766.2	4927.7	5107.8
地膜	144.9286	153.0756	159.1670	167.9985	176.2325	184.5482	193.7468
农药	127.5	131.1	132.5	138.6	146.0	153.7	162.3

项目	2008 年	2009 年	2010 年	2011 年	2012 年	2013 年
化肥	5239.0	5404.4	5561.7	5704.2	5838.8	5911.9
地膜	200.7	208.0	217.3	229.5	238.3	249.3
农药	167.2	170.9	175.8	178.7	180.6	180.2

资料来源：《中国农村统计年鉴》（2002~2014 年）。

综上所述，这一阶段的技术配置效应全面体现在农业机械化水平、农业科技投入以及绿色农业发展等各个方面。

五、第三个阶段农业生产方式的基本表现形式

与第一个阶段和第二个阶段有所不同，第三个阶段农业劳动力流动呈现出"彻底性流出"特征，即更多的农业劳动力在城市长期工作和生活的比重不断上升，在这一背景下农村土地的小农户家庭自主经营仍占主体，但同时农村土地也呈现出大规模流转特征，这种流转不仅限于小农户之间，还有更多土地流入了专业大户、家庭农场、农民合作社以及农业企业等诸多新型农业经营主体手中，在这一过程中农业资本投入

和农业技术水平也发生了重要变化。因此,在这一阶段中,农业生产要素来源多元化,组合方式也发生重要转变。有更多的工商资本和城市农业科技人才进入农村参与农业生产,使得生产关系更为复杂,保障农民的基本权益和约束工商资本在农业生产过程中的行为就显得至关重要。

第五节 农业生产方式三个阶段乡村发展水平的动态变化

在农村土地"两权分离"产权制度安排下,在土地配置效应、劳动配置效应、资本配置效应以及技术配置效应的综合影响下,农业生产方式呈现出三个不同的阶段,不同的农业生产方式通过提高农业生产效率影响乡村产业发展,通过转变生产生活方式影响乡村生态宜居,通过提升精神生活需求影响乡风文明水平,通过人力资本集聚影响乡村治理,通过多元化收入渠道影响农民的生活水平。

一、乡村产业发展水平的动态变化

在这三个阶段中,土地要素配置、劳动要素配置、资本要素配置和技术要素配置都发生了一系列变化,这种变化形成了不同的农业生产方式,从整体变化方向来看,农业生产方式更多是通过提高农业生产效率影响乡村产业发展。如第三章所述,乡村产业发展水平主要体现在数量层面、效率层面和安全层面三个方面。

(一)数量层面

从农作物播种面积角度来看(如图4-14所示),1978~2013年间的农作物播种面积整体变化幅度不大,整体上升幅度为8.89%。其中,1978~1991年间农作物播种面积呈现出小幅下降趋势,从1978年的15010.407万公顷下降到1991年的14958.6万公顷,下降幅度为

0.35%。1992~2000年和2001~2013年，农作物播种面积呈现出上升趋势，上升幅度分别为4.89%和4.97%。与此同时，这一期间粮食产量整体呈现出逐年上升的趋势，上升幅度为97.51%。1978~1991年、1992~2000年和2001~2013年三个时间段粮食产量上升幅度分别为42.83%、4.41%和32.98%。从农业产出方面来看，1978~2013年农业产值整体呈现出上升趋势，整体上升幅度为443.93%。1978~1991年、1992~2000年和2001~2013年三个时间段的上升幅度分别为408.21%、46.48%和464.45%。

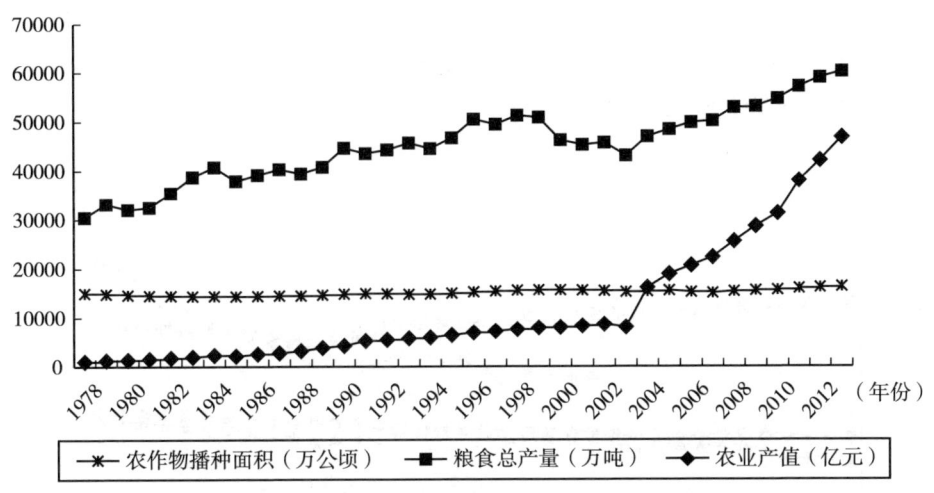

图4-14 产业兴旺水平变化趋势-1（1978~2013年）

资料来源：《中国农村统计年鉴》（1985~2014年）。

（二）效率层面

主要采取劳动生产率和土地生产率来表示，具体通过人均粮食产量和亩均粮食产量来衡量（如图4-15所示）。从劳动生产率角度来看，1978~2013年间整体呈现出上升趋势，上升幅度达到150.8%。其中，1978~1991年、1992~2000年和2001~2013年间上升幅度分别为33.36%、9.78%和7%。从土地生产率角度来看，1978~2013年整体呈现出上升趋势，上升幅度为39.97%。1978~1991年和2001~2013年两个时间段，土地生产率水平分别上升43.32%和26.68%，而1992~2000年间土地生产率水平呈现出小幅下降趋势，下降幅度为0.46%。

（三）安全层面

从粮食播种面积占农作物播种面积的比例角度来看（如图4-15所示），1978~2013年间整体呈现出下降趋势，下降幅度为11.69%。其中，1978~1991年和1992~2000年间分别下降6.72%和5.6%，2001~2013年间上升幅度为4.13%。有效灌溉面积是保障粮食产量的重要措施。从有效灌溉面积角度来看，1978~2013年间整体呈现出上升趋势，上升幅度为29.63%。三个时间段都呈现出上升趋势，上升幅度分别为6.72%、5.6%和11.46%。

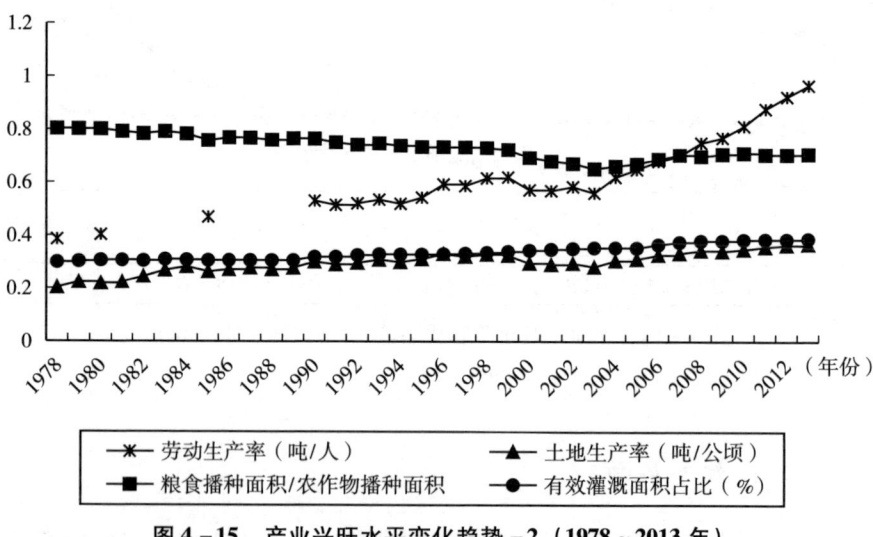

图4-15 产业兴旺水平变化趋势-2（1978~2013年）

注：1978~1991年间部分年份数据缺失。
资料来源：《中国农村统计年鉴》（1995~2014年）。

二、乡村生态宜居发展水平的动态变化

在这三个阶段中，土地、劳动、资本与技术等生产要素的动态组合不仅改变了农业生产方式，也进一步影响农民的生活方式，进而对乡村生态宜居发展水平产生影响。如第三章所述，生态宜居主要包括环境层面、低碳层面和宜居层面三个方面。

（一）环境层面

化肥施用强度是影响生态环境的重要影响因素。从图 4 – 16 中可知，1978～2013 年间的化肥施用强度（以每公顷化肥使用量测度）一直呈现出上升趋势，上升幅度高达 514.15%。1990～2013 年间，农用塑料薄膜的施用强度也一直呈现出上升趋势，上升幅度高达 369.47%。1991～2013 年间的农药施用强度整体呈现出上升趋势，上升幅度为 155.57%，但 2010～2013 年间有小幅下降趋势。

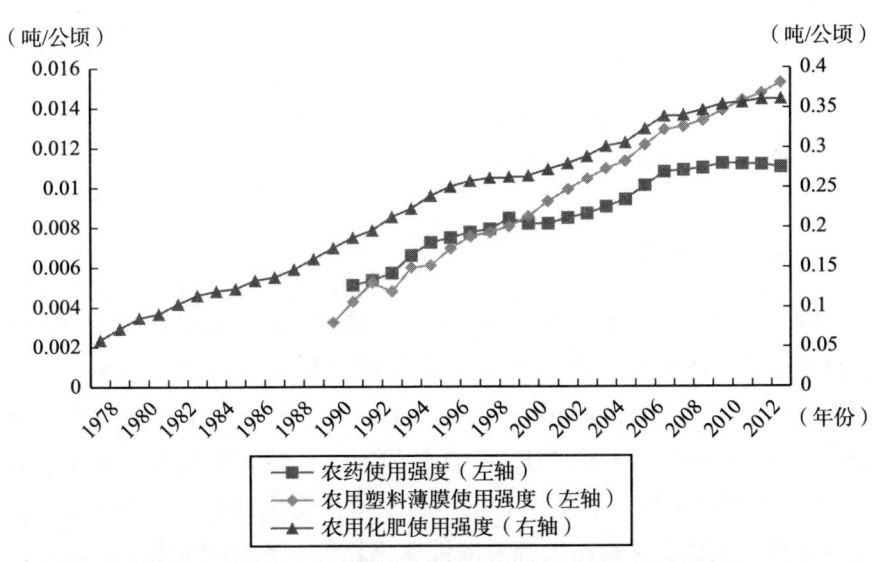

图 4 – 16　生态宜居水平变化趋势 – 1（1978～2013 年）

注：1978～1991 年间部分年份数据缺失。
资料来源：《中国农村统计年鉴》（1985～2014 年）。

（二）低碳层面

20世纪八九十年代和21世纪初期对于生活低碳的关注并不多。相比于传统使用秸秆烧火做饭，燃气做饭可能更为环保。从图4-17可知，2006年以来农村的燃气普及率已经接近20%。

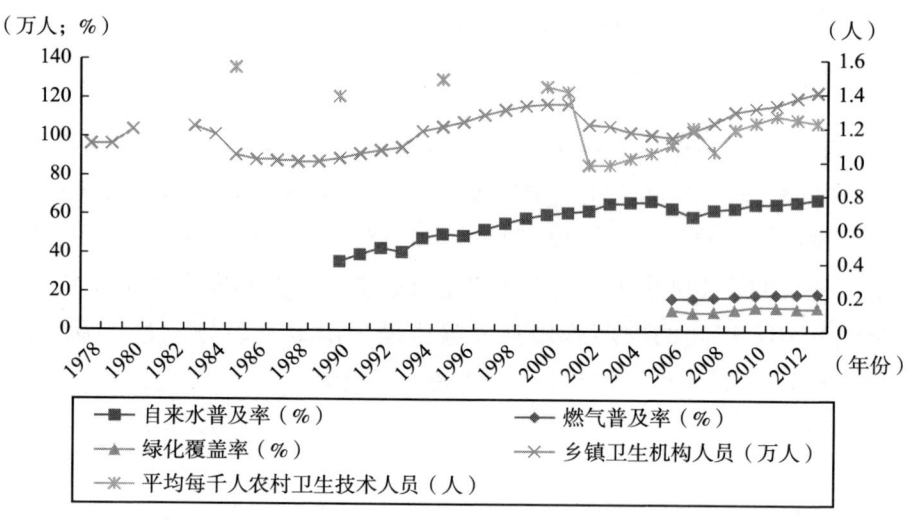

图4-17　生态宜居水平变化趋势-2（1978~2013年）

注：1978~2005年间部分年份数据缺失。

（三）宜居层面

农村自来水普及率、绿化覆盖率、乡镇卫生机构人员和平均每千人农村卫生技术人员等指标能够在一定程度上代表乡村的宜居水平。自20世纪90年代以来，农村自来水普及率呈现出逐年上升的趋势，从1990年的35.66%上升到2013年的68.2%。乡镇卫生机构人员呈现出"上升—下降—上升—下降—上升"的波动性变化趋势，平均每千人农村卫生技术人员也呈现出大幅波动性变化趋势（左侧坐标轴）。进入21世纪以来，乡村发展也开始更多关注绿化覆盖率，但覆盖率整体变化幅度不大。

三、乡村乡风文明发展水平的动态变化

在这三个阶段中，在农业生产要素配置效应的综合影响下，农业生产方式与农民生活方式都发生了一系列变化，这也将进一步提升农民的精神生活需求。如第三章所述，乡风文明包括文明创建、公共教育和文娱支出三个方面。如图4-18所示，文明创建方面，乡镇综合文化站被认为是乡村文明创建的重要主体（闫周府、吴方卫，2019），乡镇综合文化站的个数整体上有所下降。三个不同阶段的数量整体变化不大。公共教育可通过义务教育学校专任教师本科以上比例、平均每个教师负担小学生数、乡村小学人均计算机数、乡村小学人均图书量等方面来测度。其中，小学专任教师人数整体呈现出上升趋势，从1978年的543.38万人上升到2013年的558.46万人，三个时间段数量也基本都处

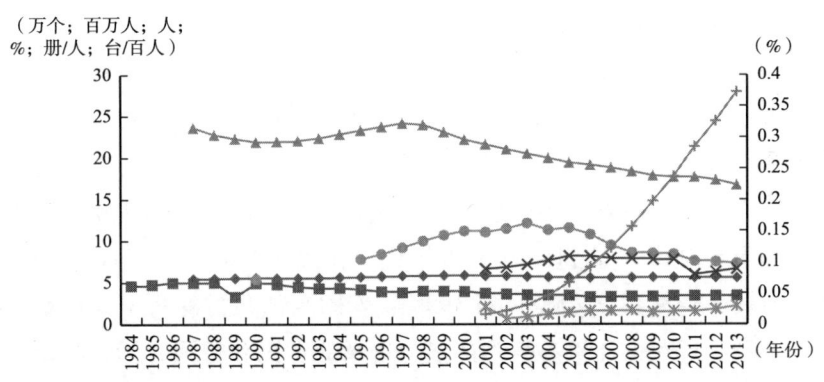

图4-18 乡风文明水平变化趋势（1978~2013年）

注：1978~2001年间部分年份数据缺失。
资料来源：EPS数据库。

于小幅上升趋势。平均每个教师负担小学生数整体呈现出下降趋势，从1987年的23.62下降到2013年的16.76，1987~1991年间小幅下降，1992~2000年间呈现出"先上升后下降"趋势，2001~2013年间呈现出大幅下降趋势。进入21世纪以来，乡村小学人均图书量呈现出"先上升后下降"趋势，乡村小学人均计算机数呈现出"先下降后上升"趋势，而乡村小学专任教师本科以上学历占比则呈现出不断上升趋势。从文娱支出角度来看，文化娱乐支出金额一直呈现出上升趋势，但随着农民收入水平的不断提升，农民的消费支出也更加多元化，文娱支出的占比呈现出小幅下降趋势。

四、乡村治理水平的动态变化

在这三个阶段中，农业生产要素配置导致农业生产方式和农村生活方式发生转变，乡村治理面临更多的现实挑战，但外出能人返乡以及各类城市人才下乡能够在一定程度上提高农村的人力资本水平，对乡村治理产生积极影响。如第三章所述，乡村治理水平可从治理体系和治理效果两个方面来体现。在治理体系方面，1982年第五届全国人民代表大会第五次会议通过的《中华人民共和国宪法》第一百一十一条中规定村民委员会是基层群众自治性组织，农民参加村干部选举是体现乡村治理水平的重要维度。20世纪八九十年代，村民参与村干部选举的积极性相对较弱。何海兵（2000）对1999年安徽东部某村的村干部选举进行调查发现，10%的比例有强烈的参与选举的意识和行为，50%的比例对村民选举有一定了解，但并未参与选举，38%的比例对村民自治并不了解，2%的比例对村委会选举并不感兴趣。但进入21世纪以来，村委会选举参与度呈现出逐年上升的趋势。如图4-19所示，2006~2013年间的选民参与度保持着较高比例，主要在88%~92%之间。此外，村支书、村委会主任一肩挑也是体现乡村治理体系的重要方面（程同顺、史猛，2019），2006~2013年间这一比例相对较为平稳，处于35%~42%之间。治理效果方面，改革开放初期，农村土地是保障农民生活的

第四章 农村土地"两权分离"、农业生产方式与乡村发展（1978~2013年） 101

基本形式，村委会或者农村集体经济组织在农村土地承包中起到积极作用，村办企业的迅速崛起也不断提高农民的生活水平。1978~1998年农民人均纯收入从134元上升到2162元，绝对贫困人数从2.5亿减少到0.42亿，下降幅度高达83.2%（段庆林，2001），降低了农民最低生活保障人数。但进入21世纪以来，农民最低生活保障人数又进一步呈现出上升趋势，从2006年的3593.1万人上升到2013年的5388万人。此外，农村居民基本养老保险参保人数也是体现乡村治理效果的重要指标（王亚华、张鹏龙、胡羽珊，2022）。近几年内，农村居民基本养老保险参保比例呈现出大幅上升趋势，从2006年的7.4%上升到2013年的65.8%。

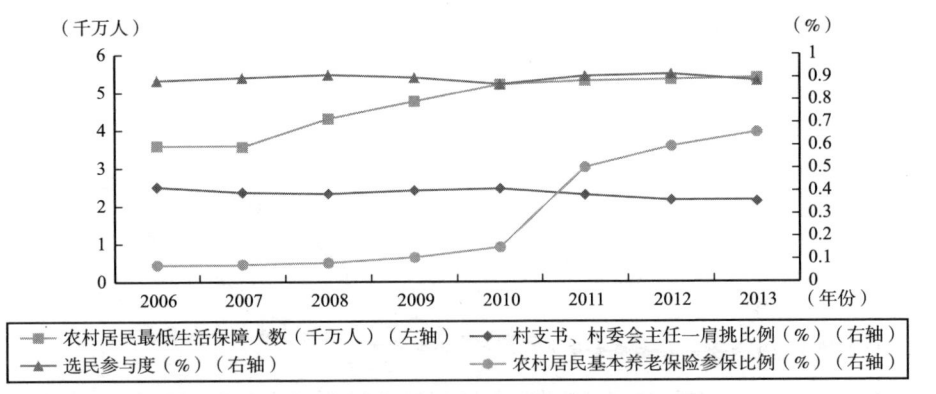

图4-19 乡村治理有效水平变化趋势（2006~2013年）

资料来源：EPS数据库。

五、乡村生活富裕发展水平的动态变化

在这三个阶段中，不同农业生产要素组合的动态变化所形成的不同农业生产方式将不断影响和拓宽农民的收入渠道，并进一步对乡村的生活富裕水平产生影响。如第三章所述，生活富裕水平可从收入水平和生活水平两个方面来体现。如图4-20所示，在收入水平层面，

可从城乡居民收入对比角度来看，二者之间的收入差距呈现出波动性变化趋势。1978~1991 年，城乡居民收入对比呈现出下降趋势，从 1978 年的 2.8 下降到 1991 年的 2.5。1992~2000 年整体呈现出上升趋势，从 1992 年的 2.9 上升到 2000 年的 3.6。2001~2013 年间整体呈现出下降趋势，从 2001 年的 3.6 下降到 2013 年的 3.1。与城乡居民收入对比相对应，二者之间的消费对比呈现出类似的阶段性变化特征。在生活水平层面，20 世纪七八十年代的农村生活水平整体有提高，但不同农户之间的差距相对较小。进入 90 年代以后逐渐呈现出差距，特别是进入 21 世纪以来，农民居民的生活水平呈现出逐年上升的趋势。以太阳能热水器和交通通信支出占比为例，农民对太阳能热水器的消费越来越高，交通通信支出在消费总支出的占比也呈现出逐年上升的趋势。

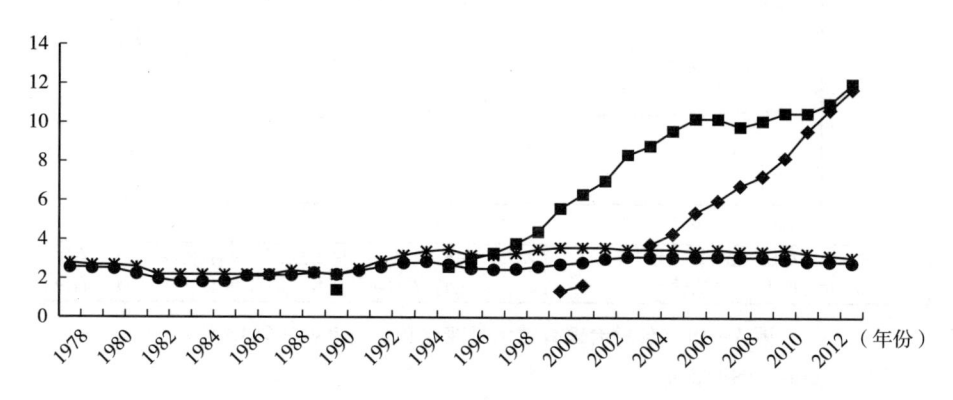

图 4-20　生活富裕水平变化趋势（1978~2013 年）

注：1978~2003 年部分数据缺失。
资料来源：EPS 数据库。

第六节 本章小结

本章以第三章农村土地产权、农业生产方式与乡村振兴三者之间的理论框架为基础，重点讨论了农村土地"两权分离"产权制度安排下的农业生产方式的基本表现形式，以及这些农业生产方式基础上乡村发展水平。

（1）在农村土地"两权分离"产权制度安排下，并在土地配置效应、劳动配置效应、资本配置效应和技术配置效应的综合影响下，农业生产方式呈现出三个不同的阶段。第一个阶段（1978～1991年）的农业生产方式表现为农业劳动力"离土不离乡"背景下农村土地的小农户家庭自主经营，财政支农支出与金融机构在推动农业发展过程中也起着积极的作用，农业机械化水平也呈现出不断上升的趋势。第二个阶段（1992～2000年）的农业生产方式表现为农业劳动力"离土又离乡"与农村土地小规模流转背景下的小农户家庭自主经营，农业资本投入来源更加多元化，农业机械化水平进一步提高，农业科技投入也逐渐增加。第三阶段（2001～2013年）农业生产方式表现为农业劳动力"彻底性流出"与农村土地大规模流转背景下的小农户家庭自主经营与新型农业经营主体的土地规模经营并存，在这一过程中农业资本投入和农业技术水平也发生了重要变化。

（2）1978～2013年间的不同农业生产方式对乡村发展产生重要影响。根据第三章的内容可知，农业生产方式通过提高农业生产效率、转变生产生活方式、提升精神生活需求、人力资本集聚以及多元化收入渠道等方式对乡村产业发展、生态宜居、乡风文明、治理有效和生活富裕水平产生不同影响。

第五章

农村土地"三权分置"、农业生产方式与乡村振兴（2014年至今）

随着城镇化和工业化水平的不断提高，农业劳动力不断向城市转移并呈现出不同的流动特征，农村土地的流转面积不断扩大，农业资本投入以及农业技术水平也发生了重大变化，土地配置效应、劳动配置效应、资本配置效应和技术配置效应综合影响农业生产方式的变革，并最终影响乡村振兴发展水平。因此，本章主要包括以下三个方面：一是讨论农村土地"三权分置"产权制度安排下农业生产方式的基本表现形式；二是讨论这一农业生产方式下乡村振兴发展现状；三是梳理农村土地"三权分置"产权制度安排下农业生产方式影响乡村振兴中所面临的现实困境。

第一节 农村土地"三权分置"产权制度安排下的农业生产要素配置

在农村土地"三权分置"产权制度安排下，土地配置效应、劳动配置效应、资本配置效应和技术配置效应综合影响农业生产方式的变革。

一、土地配置效应：新型农业经营主体不断发展壮大

从农村土地流转数量来看（如图 5-1 所示），农村土地流转的数量一直呈现出上升的趋势。2014 年农村土地流转数量为 40339.5 万亩，2020 年这一数量则上升到 53218.9 万亩，上升幅度高达 31.93%。但从农村土地流转的增长率来看，2014~2020 年的增长率一直呈现出下降趋势，从 18.29% 下降到 -4.11%。农村土地流转占比呈现出波动性特征，最高值出现在 2017 年（36.98%），最低值出现在 2014 年（30.4%），整体呈现出上升趋势。

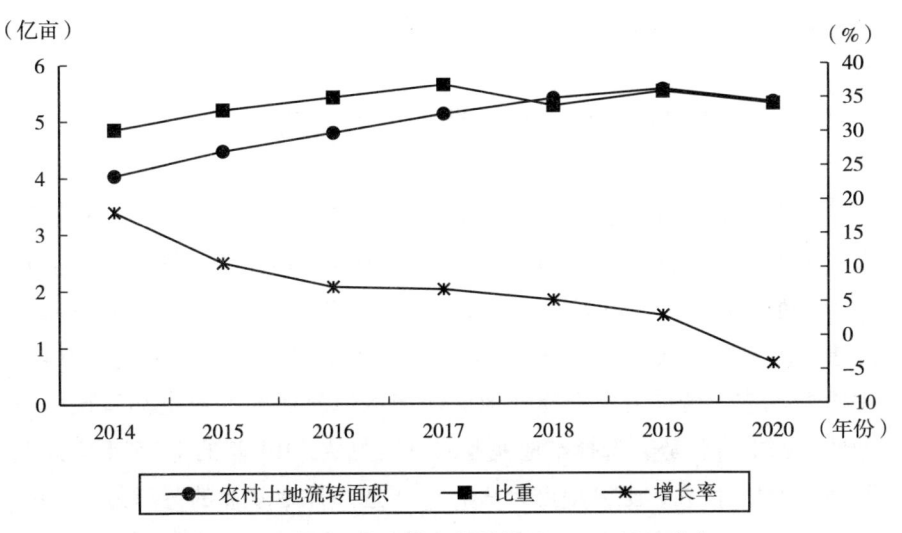

图 5-1 农村土地流转变化趋势（2014~2020 年）

资料来源：农村土地流转数量来源于《中国农村经营管理统计年报》。

随着农村土地流转规模不断提高，专业大户、农民合作社以及农业龙头企业等诸多形式的新型农业经营主体也随之发展壮大。根据经济日报社中国经济趋势研究院首次发布的《新型农业经营主体土地流转调查报告》（2018 年）数据显示，截至 2017 年，新型农业经营主体经营的

农村土地面积占农村土地总面积的27.28%。不同类型的新型农业经营主体经营的农村土地面积规模明显高于小农户，其中受访的家庭农场和专业大户平均经营的农村土地面积分别为177.3亩和102.13亩，分别是小农户平均经营农村土地面积的23.55倍和13.56倍。进一步地，不同区域不同类型的新型农业经营主体经营的农村土地面积也存在差异。其中，东中西部家庭农场平均经营农村土地面积分别为205.16亩、148.75亩和167.79亩，东中西部专业大户平均经营农村土地面积分别为129.82亩、52.2亩和92.89亩，东中西部家庭农场平均经营农村土地面积分别为415.18亩、1527.19亩和320.08亩。

综上所述，农村土地流转规模处于较高水平，除了小农户自主经营外，更多的流转土地进入新型农业经营主体手中。因此，这一阶段的土地配置效应呈现出经营主体多元化特征。

二、劳动配置效应：城乡劳动力双向流动

从农业劳动力流动角度来看（如图5-2所示），2014~2019年间农业劳动力转移总量处于小幅增长趋势，从2014年的2.7395亿人上升到2.856亿人，上升幅度为4.25%，但农业劳动力转移总量增长率基本处于下降趋势，从2014年的1.86%下降到2020年的-1.8%。2014~2019年间农业劳动力中选择外地就业和本地就业的人数也都呈现出波动性小幅上升趋势，选择本地就业的劳动力从2014年的1.0574亿人上升到1.1601亿人，上升幅度为9.71%。选择外地就业的劳动力从2014年的1.6821亿人上升到1.6959亿人，上升幅度为0.82%。选择本地就业和外地就业劳动力的增长率也相应呈现"下降—上升—下降"的波动性变化趋势。其中，选择本地就业劳动力转移增长率最低年份出现在2020年（-0.04%），最高年份出现在2016年（3.44%）。选择外地就业劳动力转移增长率最低年份出现在2020年（-2.67%），最高年份出现在2017年（1.48%）。从二者对比的角度来看，选择外地就业的人数一直高于本地就业人数。此外，在新冠疫情以及经济发展大环境影响

下，2020年无论是农业劳动力转移总量增长率还是本地和外出劳动力增长率都呈现出下降趋势，这说明更多农业劳动力回到农村从事农业生产。

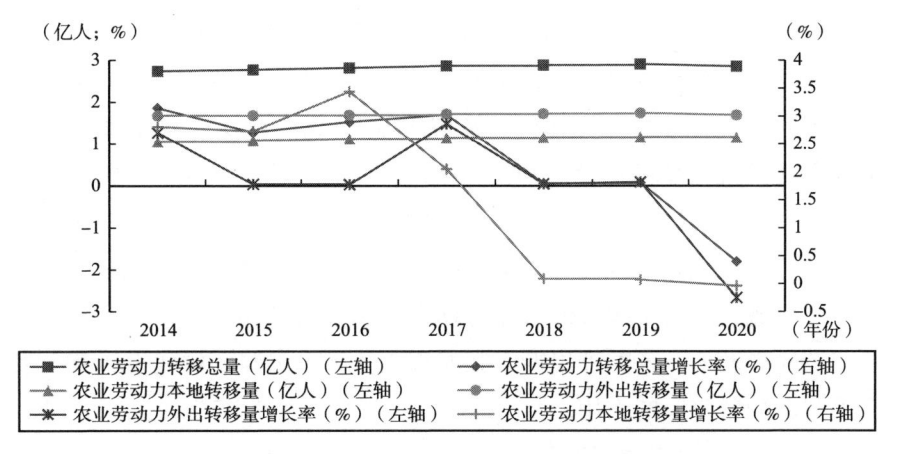

图 5-2　农业劳动力转移变化趋势（2014~2020年）

资料来源：人力资源和社会保障事业发展统计公报（2014~2020年）。

农业劳动力在农业生产中起着决定性作用。离开农业劳动力，任何农业生产资料都不能发挥作用。但从长期角度来看，城镇化水平将进一步提高，农业劳动力不断向城市转移将是一个大趋势，这对农业生产将产生重要的影响。《国民经济和社会发展统计公报》数据显示，2020年底我国常住人口城镇化率超过60%。据中国社会科学院农村发展研究所、中国社会科学出版社联合发布的《中国农村发展报告2020》预测，2025年我国的常住人口城镇化率将达到65.5%，这意味着未来5年还将有8000万农村劳动力转移到城市，农业从业人口将会持续下降。事实上，农业从业人员一直呈现出下降趋势。国家统计局数据显示，第一产业从业人员数量从2011年的26472万人下降到2020年的17715万人，下降幅度高达33%[①]。从事农业生产的劳动力呈现出兼业化、老龄化和女性化特征。

2014~2020年，中央一号文件中通过各种政策引导各类人才下乡。2014~2016年间的中央一号文件主要从引导工商资本下乡或者发展农业机械化、科技化过程中强调农业人才问题。2017年的中央一号文件中明确提出鼓励高校毕业、企业主、农业科技人员、留学归国人员等各类人才回乡下乡参与乡村建设。2017年的中央一号文件再次提出要鼓励社会各界投身乡村建设。2020年的中央一号文件中强调要畅通各类人才下乡渠道，通过各类农业学校开展农业技能培训，动员城市科研人员、教师、医生等下乡服务，不断推动各类人才下乡。

综上所述，这一阶段的农业劳动力不断向城市转移，在一系列政策的支持和推动下，各类外出能人和城市人才下乡参与乡村建设，有效发挥了劳动配置效应的作用。

三、资本配置效应：社会资本下乡规模上升

从农业综合开发角度来看，不同农业资本投入又发生新变化。如图5-3所示，2014~2017年[②]，中央财政资金和地方财政配套资金规模基本未发生大规模变化，而自筹资金和银行贷款基本呈现出下降趋势。中央财政资金从2014年的3597091万元上升到2017年的3860000万元，上升幅度为7.31%。地方财政配套资金从2014年的1818181.59万元上升到2017年的1860495.3万元，上升幅度为2.33%。自筹资金从2014年的2077799.86万元下降到2017年的983936.77万元，下降幅度高达52.65%。与自筹资金相比，银行贷款下降幅度更大，从2014年的47472.33万元下降到2017年的12990万元，下降幅度更是高达72.64%。

---

① 2011~2020年第一产业从业人员数据分别为26472万人、25535万人、23838万人、22372万人、21418万人、20908万人、20295万人、19515万人、18652万人和17715万人。

② 限于数据可获得性等原因，农业综合开发构成数据只讨论2014~2017年。

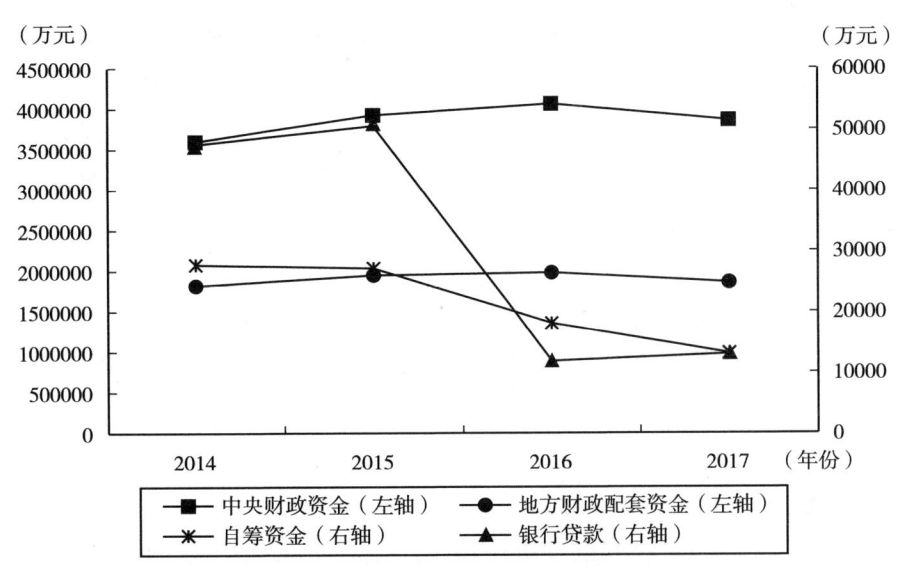

第五章 农村土地"三权分置"、农业生产方式与乡村振兴（2014年至今）

图 5-3 农业综合开发投入资金构成（2014~2017年）

资料来源：EPS 数据库。

从社会资本角度来看，2014~2020年的中央一号文件也进一步放开社会资本下乡建设乡村，但同时也强调要防范社会资本下乡中可能存在的各种风险。2014年的中央一号文件中提出要支持社会资本在县域内建立服务"三农"的小型银行和金融租赁公司，同时还鼓励工商资本下乡发展多种形式的规模经营，同时也强调假期社会资本的准入和监管机制。2015年的中央一号文件再次强调工商资本在多种规模经营发展过程中的重要作用，并提出吸引社会资本在水利工程方面的投资。2016年的中央一号文件进一步指出要完善工商资本下乡的准入、监管和风险防范机制建设，并再次提出鼓励和引导社会资本下乡。2017年的中央一号文件强调要通过政府和社会资本之间的合作来发挥资本在乡村发展中的积极影响。2018年的中央一号文件又进一步明确社会资本下乡参与乡村振兴的配套措施，并强调要保护好农民的利益。2018年的中央一号文件中也提出在社会资本下乡过程中企业家合法权益的保障问题。在一系列政策的支持下，社会资本下乡经营土地的规模也呈现出不断上升的趋势。据农业统计资料以及农业农村部相关数据显示，2014~2019年间流转到企业的农村土地面积分别为260万公顷、280万公顷、307万公顷、333万公顷、367万公顷和387万公顷（汪婷、费罗成，2022）。

综上所述，这一时期中央财政资金和地方财政配套资金规模呈现出小规模增长，自筹资本和银行贷款规模都有所下降，但社会资本下乡规模呈现出上升的趋势。

四、技术配置效应：机械化、科技化与绿色化水平不断提升

自2014年以来，历年的中央一号文件继续加大对农业机械化水平、农业科技化以及农业绿色发展等方面的支持力度。2014年的中央一号文件中提出要"加快推进大田作物生产全程机械化"，发展"农机作业、维修、租赁等社会化服务"，强调通过环境保护、节水灌溉、秸秆还田、病虫害绿色防控、面源污染防治、推动新型农业经营主体绿化生产等方面建立农业可持续发展的长效机制，进一步通过深化农业科技体制改革，多元化科研机构与企业的联合研发模式，推动现代农业产业技术体系建设，以及发挥现代农业示范区的引领作用等方式推进农业科技的创新发展。2015年的中央一号文件指出要"强化农业科技创新驱动作用"。2016年的中央一号文件又提出要"强化现代农业科技创新推广体系建设"。2018年的中央一号文件进一步提出"加快建设国家农业科技创新体系，加强面向全行业的科技创新基地建设"。2019年的中央一号文件明确"加快突破农业关键核心技术"。2020年的中央一号文件再次强调要"强化科技支撑作用"。2021年的中央一号文件提出"强化现代农业科技和物质装备支撑"。这些文件中不仅强调了农业科技在农业发展过程中的重要作用，也在农业科技发展过程中加大农业机械化和绿色发展的支持力度，例如，2017年的中央一号文件明确完善农业补贴制度，并强调农业生产的绿色生态要求。

在一系列政策的支持下，2014~2020年的农业机械化总动力整体呈现出上升趋势（如图5-4所示），特别是2016年有较大幅度的增加。

与 2014 年相比，2020 年的农业机械化总动力水平上升了 877.47%。大中型拖拉机和大中型拖拉机配套农具都呈现出"先上升后下降再上升"的变化趋势。小型拖拉机数量变化幅度较小。

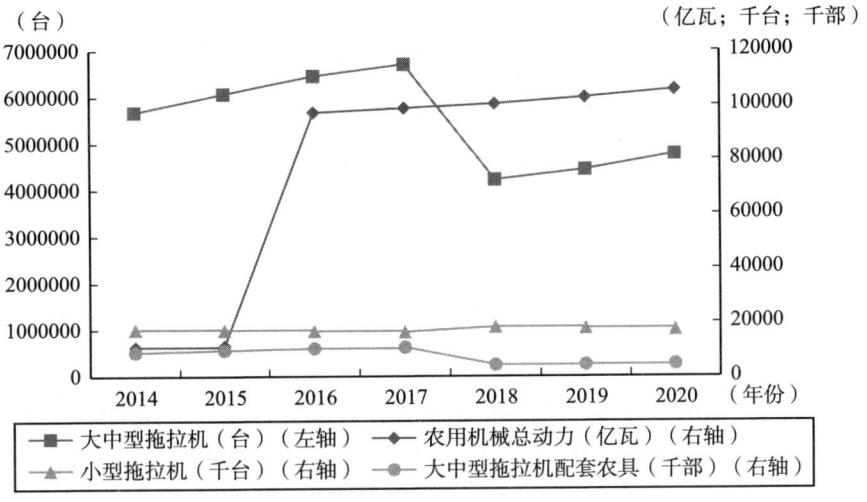

图 5-4　农业机械化水平变化趋势（2014～2020 年）

资料来源：《中国农村统计年鉴》（2015～2021 年）。

从表 5-1 中不难发现，农用化肥的施用量整体呈现出下降的趋势，从 2014 年的 5995.9 万吨下降为 2020 年的 5250.7 万吨，下降幅度为 12.43%。地膜使用量呈现出"先上升后下降"的趋势。其中，2014～2015 年间处于上升趋势，上升幅度为 0.09%，2017～2020 年呈现出下降趋势，下降幅度为 0.08%。农药使用量整体呈现出下降趋势，从 2014 年的 180.7 万吨下降为 2020 年的 131.3 万吨，下降幅度为 27.34%。

表 5-1　　化肥、地膜和农药使用情况（2014～2020 年）　　单位：万吨

项目	2014 年	2015 年	2016 年	2017 年	2018 年	2019 年	2020 年
化肥	5995.9	6022.6	5984.4	5859.4	5653.4	5403.6	5250.7
地膜	258	260.4	260.3	252.8	246.7	240.8	238.9
农药	180.7	178.3	174	165.5	150.4	139.2	131.3

资料来源：《中国农村统计年鉴》（2015～2021 年）。

综上所述,在这些政策的支持下,这一阶段的技术配置效应中农业机械化水平不断提高,农业科技化投入也不断增加,农业绿色化发展水平也有显著提升。

第二节 农业生产要素配置基础上的农业生产方式演进方向:农村土地规模经营与服务规模经营协调发展

一、土地规模经营与服务规模经营协调发展的背景与内涵

通过土地配置效应、劳动配置效应、资本配置效应和技术配置效应的分析可知,在农村土地"三权分置"产权制度安排下,不同农业生产要素组合方式呈现出新的变化,这也推动了农业生产方式的转变。这一时期农业生产方式的转变主要有两个方向:(1)推进农村土地的适度规模经营。在土地配置效应和劳动配置效应影响下,农业劳动力的城市转移为农村土地的流转提供了前提,在资本配置效应和技术效应影响下,农业资本投入构成不断发生变化,为土地规模经营发展提供了资金支持,并进一步带动农业技术水平的提高。这些因素的共同影响有利于推动农村土地规模经营水平的提高。(2)加大农业社会化服务的支持力度。在劳动配置效应影响下,农业劳动力的城市转移导致从事农业生产的劳动力呈现出老龄化和女性化特征,这可能导致他们很难独立完成农业生产过程,购买农业社会化服务将成为他们的一种可能选择,此外,随着土地规模经营的不断扩大,他们也面临着劳动力短缺、监工难等困境,进而也会提高他们购买农业服务的意愿,而资本配置效应和技术配置效应影响下农业社会化服务组织也逐渐发展壮大。

从政策角度来看,2014年以来,中央一号文件的相关政策已经开始积极推进土地规模经营与服务规模经营的协调发展。2015年2月,

《中共中央、国务院关于加大改革创新力度加快农业现代化建设的若干意见》中提出要不断规范农村土地经营权的有序流转，不断创新土地流转和规模经营的方式和形式，加强农民的组织化程度。2015年12月，《中共中央、国务院关于落实发展新理念加快农业现代化实现全面小康目标的若干意见》中强调要发挥多种形式农业适度规模经营的引领作用。这些形式不仅包括家庭农场、专业大户、农民合作社等新型农业经营主体，还包括提供开展代耕代种、联耕联种、土地托管等服务的各类新型农业服务主体。2016年12月，《中共中央、国务院关于深入推进农业供给侧结构性改革加快培育农业农村发展新动能的若干意见》中从农村土地经营权流转形式、农业生产全程社会化服务等方面重点论述了如何积极发展适度规模经营。2018年1月，《中共中央、国务院关于实施乡村振兴战略的意见》中提出通过不断完善农业社会化服务体系，开展农业生产的联合与合作，不断提高小农户的组织化程度，进一步促进小农户与现代农业的有机衔接。2019年1月，《中共中央、国务院关于坚持农业农村优先发展做好"三农"工作的若干意见》中提出要不断深入推进农村土地"三权分置"改革，完善农村土地集体所有权、农户承包权和土地经营权的法律法规，为农村土地经营权的流转提供政策支持，进而实现多种形式的农业规模经营。2020年1月，《中共中央、国务院关于抓好"三农"领域重点工作确保如期实现全面小康的意见》中再次强调要推进多种形式的农业适度规模经营，不断加强农业社会化服务体系的建设。2021年1月，《中共中央、国务院关于全面推进乡村振兴加快农业农村现代化的意见》中强调延长第二轮农村土地承包期，在坚持农村土地集体所有的前提下，长期稳定农村土地的承包关系，不断推进和完善土地经营权的流转体系。2022年1月4日，《中共中央、国务院关于做好2022年全面推进乡村振兴重点工作的意见》中进一步强调要通过加快发展农业社会化服务体系支持各类新型农业经营主体的大力发展，不断提高小农户的种粮综合收益。

从现实角度来看，在一系列政策的指导和支持下，农业社会化服务发展取得了不俗成绩。2019年9月4日，农业农村部办公厅公布了首批全国20个农业社会化服务典型案例名单，这些案例涵盖了不同区域（山东3个、山西和黑龙江各2个、北京、吉林、江苏、浙江、安徽、福建、江西、河南、湖北、湖南、重庆、四川、陕西和甘肃各1个）、不同类型作物（针对粮食作物、藤椒、果园等），并呈现出不同特征（全程托管、半托管等）。2020年9月11日，农业农村部办公厅发布了第二批全国农业社会化服务典型案例名单，包含农业服务企业、农村集体经济组织、农民合作社、供销合作社系统、实施生产托管项目等五种开展社会化服务的类型。这些典型案例为全国各地推广农业社会化服务提供了经验借鉴。

因此，在未来的一段时期内，农村土地、农业劳动力、农业资本与农业技术水平等生产要素组合基础上的农业生产方式表现为土地规模经营与服务规模经营的协调发展。其中，土地规模经营强调农业劳动力不断减少、农业资本和技术水平较低背景下农村土地资料的集聚，土地规模经营为横向专业化分工提供了现实基础，有利于实现土地集中连片基础上同种作物的规模经营。服务规模经营则强调在土地资料分散与农业劳动力不断向城市转移背景下农业资本与较高农业技术水平要素的集聚，能够为不同农业生产环节提供专业化服务，不断推进纵向专业化分工水平（谢地、李梓旗，2021）。土地规模经营能够推动服务规模经营的发展，而服务规模经营组织的发展壮大也会进一步促进土地规模经营面积的扩大。因此，在当前我国农村土地流转与农业劳动力转移的背景下，以土地规模经营与服务规模经营协调发展为特征的农业生产方式将是未来的演进方向。

进一步地，土地规模经营与服务规模经营的协调发展表现为农村土地、农业劳动力、农业资本与农业技术等要素的优化组合。但这一农业生产要素组合下的生产关系则发生了一系列新变化。从土地配置效应角度来看，从事农村土地经营的可能是小农户，也可能是社会资本下乡形成的新型农业经营主体。从劳动配置效应角度来看，农业劳动力不仅包括留在农村从事农业生产的农民，还包括下乡的城市农业技术人才、管理人才等。从资本配置效应角度来看，农业资本投入也更加多元化，除财政资金支持与银行贷款外，社会资本也成为农业资本的重要资金来源。从技术配置效应角度来看，小农户会购买一些小型的农业生产工具，新型农业经营主体可能会购买服务产前产中产后的一系列农业生产工具。一些新型农业经营主体与农业相关科研院所在农业种植、施肥、病虫害治理、打药等方面开展合作。因此，这些农业生产要素的组合形成了更为复杂的生产关系，进而影响不同主体的利益。

二、土地规模经营与服务规模经营协调发展的四种形态

如前所述，在农村土地"三权分置"产权制度安排下，农业生产方式的演进方向为土地规模经营与服务规模经营的协调发展，土地规模经营是在农业劳动力不断向城市转移、农业资本不足与技术水平低下背景下的土地要素集聚，强调同一区域内农业生产的横向专业化分工，诸如同一区域内集中连片种植同种类别的农作物。服务规模经营是土地要素分散与农村劳动力不足背景下资本要素与技术要素的集聚，强调同一种作物在不同生产环节上的可分性，诸如灭茬、耕种、施肥、打药、收割等不同生产环节的纵向专业化分工。土地规模经营和服务规模经营是农业规模经营的两种重要形式。农业规模经营被美国、日本等国家的农业发展实践证明是实现农业现代化的重要路径（武舜臣、钱煜昊、于海龙，2021）。在我国农业劳动力大规模向城市转移和农村土地部分流转部分自主经营的背景下，更要强调土地规模经营与服务规模经营的协调发展。根据土地规模经营与服务规模经营发展水平的不同，二者之间的协调性至少呈现出四种形态（如图5-5所示）：（1）第Ⅰ种形态是"土地规模经营水平低、服务规模经营水平低"。服务规模经营以一定的土地规模经营为前提，土地规模经营水平不高必然不能带来服务规模经营的高水平，此时二者之间的协调性处于较低水平。（2）第Ⅱ种形态是"土地规模经营水平高、服务规模经营水平低"。服务规模经营水平不能满足高水平的土地规模经营，这也必然导致二者之间低水平的协调性。（3）第Ⅲ种形态是"土地规模经营水平低、服务规模经营水平

高"。当土地规模经营水平较低时，高水平的服务规模经营很难继续发展壮大。(4) 第Ⅳ种形态是"土地规模经营水平高、服务规模经营水平高"。高水平的土地规模经营与高水平的服务规模经营同时出现，这意味着农村土地、农业劳动力、农业资本与农业技术要素的优化配置，二者之间具有高水平的协调性。

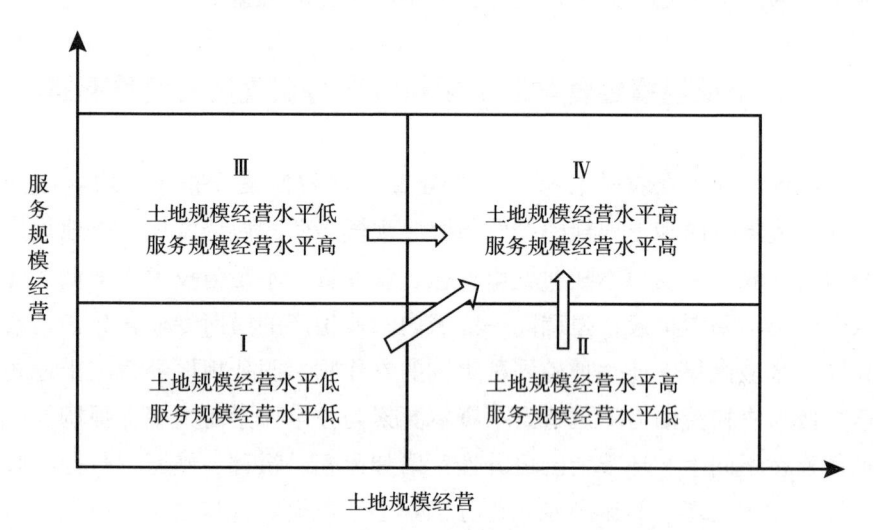

图 5-5 土地规模经营与服务规模经营协调性的组合

从图5-5中可知，第Ⅰ、第Ⅱ、第Ⅲ种土地规模经营与服务规模经营的组合都处于协调性的低水平阶段，第Ⅳ种处于协调性的高水平阶段，如何从第Ⅰ、第Ⅱ、第Ⅲ种形态转向第Ⅳ种形态是土地规模经营与服务规模经营协调发展的最终目标。

三、土地规模经营与服务规模经营协调发展四种形态之间的转变

如前所述，在农村土地"三权分置"产权制度安排下，土地配置效应、劳动配置效应、资本配置效应和技术配置效应综合影响下农业生

产方式表现为土地规模经营与服务规模经营的协调发展，并呈现出四种不同形态。但第Ⅰ、第Ⅱ、第Ⅲ种状态协调水平相对较低，有效发挥土地配置效应、劳动配置效应、资本配置效应和技术配置效应以实现第Ⅰ、第Ⅱ、第Ⅲ种形态向第Ⅳ种形态转变是实施政策的关键。土地要素配置是其他三种农业生产要素配置效应发挥作用的关键。农村土地"三权分置"产权制度安排强调在落实集体所有权和稳定农户承包权基础上放活土地经营权，这将在很大程度上影响小农户的农业生产决策，并影响劳动要素配置、资本要素配置和技术要素配置，再通过土地经营权流转（土地规模经营）和土地经营权入股农业社会化服务组织（服务规模经营）方式影响土地规模经营和服务规模经营的协调性，即通过以土地规模经营带动服务规模经营和以服务规模经营带动土地规模经营两种途径来提高二者的协调性。其中，以土地规模经营带动服务规模经营主要是"土地规模经营水平低、服务规模经营水平低"（形态Ⅰ）和"土地规模经营水平高、服务规模经营水平低"（形态Ⅱ）两种形态向形态Ⅳ的转变。以服务规模经营带动土地规模经营主要是"土地规模经营水平低、服务规模经营水平高"（形态Ⅲ）向形态Ⅳ的转变。

（一）土地规模经营带动服务规模经营实现二者协调发展

首先，以小农户实现形态Ⅰ向形态Ⅳ的转变。在土地配置效应和劳动配置效应视角下，农业劳动力的城市转移为放活土地经营提供了现实可能。部分小农户将土地经营权流转给本村或者邻村其他小农户，在一定程度上深化横向专业化分工。土地流转形成规模经营的同时也导致小农户家庭劳动力的短缺，此时的小农户就面临着雇佣劳动力、选择购买农业机械或者选择购买农业服务三种方式来解决劳动力短缺困境。但雇佣劳动力过程中的监督成本过高，自己购买农业机械生产不但要付出更高的资金成本，还存在利用效率不高的问题。而购买农业服务则可能有效避免以上两种方式中所存在的问题。综合分析以上三种方式，经营一定土地面积的小农户通过直接购买农业服务是一种理性的选择，不断深化纵向专业化分工，这也将在一定程度上推动服务规模经营组织的发展壮大，带动农业资本投入的多元化与农业技术水平的提升，有效发挥资本要素配置效应和技术要素配置效应。因此，小农户作为土地适度规模经营主体，能够在推动横向分工和纵向分工深化的前提下，实现农村土地、农业劳动力、农业资本与农业技术等生产要素的有机结合，促进土地规模经营和服务规模经营的协调发展，推动二者协调性从第Ⅰ种形态转向第Ⅳ种形态。

其次，以新型农业经营主体视角实现形态Ⅱ向形态Ⅳ的转变。随着农村土地"三权分置"产权制度安排的不断推进，土地经营权的流转会促进专业大户、农民合作社以及农业龙头企业等诸多形式的新型农业经营主体发展壮大，有效发挥土地要素配置效应。如前所述，根据经济日报社中国经济趋势研究院首次发布的《新型农业经营主体土地流转调查报告》（2018年）数据显示，截至2017年，新型农业经营主体经营的农村土地面积占农村土地总面积的27.28%。不同类型的新型农业经营主体经营的农村土地面积规模明显高于小农户，其中受访的家庭农场和专业大户平均经营的农村土地面积分别为177.3亩和102.13亩，分别是小农户平均经营农村土地面积的23.55倍和13.56倍。进一步地，不同区域不同类型的新型农业经营主体经营的农村土地面积也存在差异。其中，东中西部家庭农场平均经营农村土地面积分别为205.16亩、148.75亩和167.79亩，东中西部专业大户平均经营农村土地面积分别为129.82亩、52.2亩和92.89亩，东中西部家庭农场平均经营农村土地面积分别为415.18亩、1527.19亩和320.08亩。从上述数据中不难发现，不同区域不同类型的新型农业经营主体的农村土地经营面积都远超小农户，土地规模经营呈现出较高的水平，这为在同一区域内集中连片种植同种类别农作物的横向专业化分工提供了现实基础，他们选择购买农业服务能够有效降低生产成本。但低水平的服务规模经营不能满足高水平土地规模经营的需求，同时在中央和地方财政投入、金融机构支持以及社会资本下乡的背景下，这将有利于培育和发展服务规模经营组织，带动农业生产技术水平的提高，进而实现不同农业生产要素的优化配置，提高二者之间的协调性。

进一步地，服务规模经营组织的发展壮大能够进一步促进新型农业经营主体的土地规模经营面积的增加。但随着经营的农村土地面积越来越大，新型农业经营主体购买农业服务过程中的交易成本也将逐步提高。那么，新型农业经营主体就会在购买农机服务降低生产成本与提高交易成本之间进行权衡。当降低生产成本带来的正向影响大于提高交易成本的负向影响时，新型农业经营主体会选择直接购买农业服务；反之，新型农业经营主体则可能会选择自己购买农机器具，在满足自身需求的同时，也会向其他小农户或者新型农业经营主体提供农业服务，实现新型农业经营主体从"购买农业服务"向"提供农业服务"的转变（李宁、周琦宇、汪险生，2020），并进一步促进不同农业生产要素的动态优化调整，实现土地规模经营与服务规模经营的协调发展。胡雯、张锦华、陈昭玖（2019）利用全国 9 省份 1056 个水稻种植户的数据进行研究发现，新型农业经营主体购买农业生产工具的临界值是 100 亩左右。当土地经营规模小于 100 亩时，新型农业经营主体购买农业生产工具就处于规模不经济的阶段；只有大于 100 亩时，才能实现农业资本投资的报酬递增。2020 年 3 月 3 日，农业农村部印发的《新型农业经营主体和服务主体高质量发展规划（2020—2022 年）》中也强调，应鼓励农民合作社和农业龙头企业等不同类型的新型农业经营主体，向小农户提供各类农业生产经营服务，发挥新型农业经营主体的引领和带动作用。综上所述，在土地要素配置效应、劳动要素配置效应、资本要素配置效应和技术要素配置效应的综合影响下，有利于推动形态Ⅱ向形态Ⅳ的转变。

（二）服务规模经营带动土地规模经营实现二者协调发展

在农村土地"三权分置"产权制度安排下，不仅能够通过土地经营权流转实现土地规模经营与服务规模经营的协调发展，还能通过土地经营权入股方式来推动二者的协调发展。具体而言，小农户可直接将土地经营权入股以提供农机服务为核心的合作社、农业龙头企业等新型农业经营主体，这些新型农业经营主体有更高的农业技术水平，这将有利于推动横向专业化分工，并为新型农业经营主体的纵向专业化分工提供前提，实现横向专业化分工与纵向专业化分工的不断深化，并以高水平的服务规模经营提高土地规模经营水平，优化调整农业生产要素组合，实现"土地规模经营水平低、服务规模经营水平高"（形态Ⅲ）向"土地规模经营水平高、服务规模经营水平高"（形态Ⅳ）的转变。形态Ⅲ向形态Ⅳ的转变体现了服务规模经营带动土地规模经营实现二者的协调发展。

以土地经营权入股方式实现形态Ⅲ向形态Ⅳ转变的模式具有以下一些特征：（1）小农户具有农机服务需求者和提供者的双重角色。一方面，小农户以土地经营权入股新型农业经营主体就是基于对农机服务的需求，所以小农户具有农业服务需求者角色；另一方面，小农户作为合作社等新型农业经营主体的成员，他们也承担着农业服务的供给者角色。（2）小农户与新型农业经营主体之间呈现出"风险共担+利润分成+成本低下"特征。小农户以土地经营权入股新型农业经营主体意味着二者都全程参与农业的生产与经营过程，实现了农业生产经营的"风险共担"。与此同时，小农户作为新型农业经营主体成员有权利分享提供农业服务所获得收益，提高他们的收入水平，实现小农户参与新型农业经营主体的"利润分成"。小农户作为新型农业经营主体的成员降低了农业生产的生产成本和外部购买农业服务所面临的交易成本，实现了小农户农业生产的"成本低下"。这两个特征为不同农业生产要素的优化组合提供了新的可能路径。

（三）农村土地"三权分置"影响土地规模经营与服务规模经营协调发展的动态分析

从前面的分析中不难发现，农村土地"三权分置"影响土地规模经营与服务规模经营协调发展过程中呈现出动态特征，可以从时间维度和空间维度来讨论。

从时间维度来看，二者协调发展的动态特征主要体现在：（1）土地经营权流入小农户购买农业服务的数量会呈现出上升趋势。随着城镇化水平的不断提高以及小农户兼业程度的深化,可能会出现越来越多的小农户流转土地经营权给同村或者邻村的其他小农户,进而带动土地规模经营面积的增加,提高对农业服务的需求,实现土地规模经营与服务规模经营的协调发展。(2)土地经营权流转与新型农业经营主体规模的动态变化。土地经营权流转规模的变化会进一步影响新型农业经营主体的发展。如前所述,土地规模经营面积增加—新型农业经营主体发展—购买农业服务—服务规模经营发展—降低生产成本—土地经营规模扩大—提高交易成本,土地经营权流转对新型农业经营主体规模有着"降低生产成本"与"提高交易成本"两种截然相反的影响,所以追求利润最大化的新型农业经营主体规模必然会处于动态变化中。(3)小农户是否持续将土地经营权入股以提供农业服务为核心业务的新型农业经营主体的关键在于净收益的变化。当小农户通过购买农业服务获得的净收益高于以土地经营入股时的净收益时,小农户可能会选择退出新型农业经营主体。

从空间维度来看,二者协调发展的动态特征主要体现在:(1)异地配置特征。由于不同地区经济发展水平、人均土地面积差异等原因,土地规模经营和服务规模经营可能存在异地配置特征。例如,A 地和 B 地是两个具有土地规模经营和服务规模经营不同特征的区域,其中,A 地有一定水平的土地规模经营,但土地规模经营规模并未培育出 A 地的服务规模经营组织,而 B 地有较高水平的土地规模经营规模和成熟的服务规模经营组织。那么,B 地的服务规模经营组织就可以跨区域在 A 地开展农业服务。从湖北省稻农的实践数据来看,处于跨区域作业市场农户的农业服务价格呈现出比无跨区作业服务市场更低的价格(黄炎忠、罗小锋,2020)。(2)地域垄断特征。当某地区发展起成熟的服务规模经营组织后,可能会试图阻止本地新的服务规模经营组织的培育以及外地服务规模经营组织的进入,进而形成本地服务规模经营组织的经营垄断。

无论是时间维度还是空间维度二者协调发展的动态特征,其本质就是放活土地经营权背景下不同农业生产要素组合的优化过程,也是土地规模经营与服务规模经营从非协调性向协调性的转变过程。

第三节 土地规模经营与服务规模经营协调发展农业生产方式下乡村发展现状

一、乡村产业兴旺发展现状

土地规模经营与服务规模经营协调发展通过提高农业生产效率影响数量层面、效率层面和安全层面的产业兴旺水平。从数量层面角度来看（如图5-6所示）。2014~2020年农作物播种面积整体呈现出上升趋势，从2014年的16496.6万公顷上升到2020年的16748.7万公顷，上升幅度为1.53%。这一时期的粮食总产量也整体呈现出上升趋势，从2014年的60702.6万吨上升到66949.2万吨，上升幅度为10.29%。农业总产值也呈现出大幅上升趋势，上升幅度高达为33.95%。

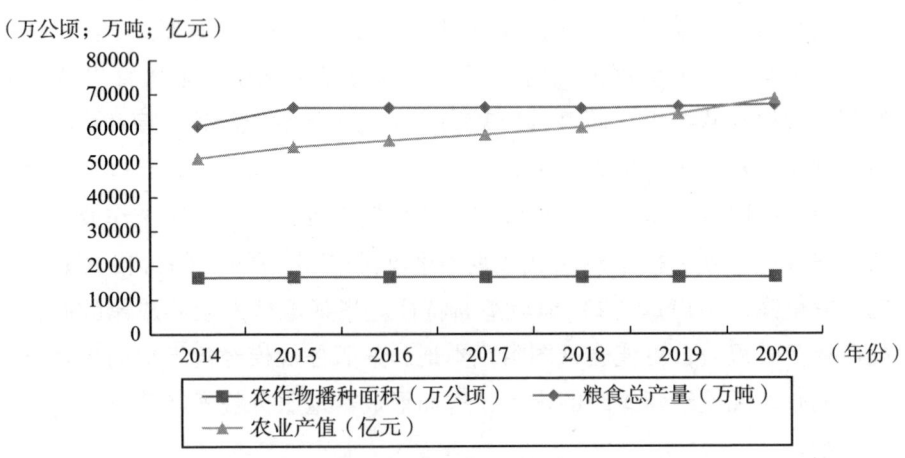

图5-6 产业兴旺水平变化趋势-1（2014~2020年）

资料来源：《中国农村统计年鉴》（2015~2021年）。

第五章 农村土地"三权分置"、农业生产方式与乡村振兴（2014年至今） 123

从效率层面角度来看（如图5-7所示）。这一时期以人均粮食产量和亩均粮食产量的劳动生产率和土地生产率整体呈现出上升趋势，上升幅度分别为31.77%和8.63%。从安全层面角度来看，粮食播种面积占比呈现出下降趋势，下降幅度为2.08%，而有效灌溉面积占比呈现出上升趋势，上升幅度为5.55%。

图5-7 产业兴旺水平变化趋势-2（2014~2020年）

资料来源：《中国农村统计年鉴》（2015~2021年）。

二、乡村生态宜居发展现状

土地规模经营与服务规模经营协调发展通过转变生产生活方式影响环境层面、低碳层面和宜居层面的乡村生态宜居水平。从环境层面来看（如图5-8所示），2014~2020年间农用化肥使用强度、农用塑料薄膜施用强度和农用施用强度都呈现出下降趋势，下降幅度分别为13.75%、8.8%和28.43%，这与土地规模经营与服务规模经营协调发展过程采取更为先进的农业生产工具和更高水平的农业技术水平密切相关，这些都将减少农业生产对自然资源环境的破坏，减少化肥、薄膜、农药等的使用，进而不断推进绿色生产、绿色农业，树立和践行

"绿水青山就是金山银山"理念。特别是这一时期各类新型农业经营主体的发展壮大对农业绿色生产方式产生重要影响。蔡颖萍、杜志雄(2016)利用全国1322个家庭农场的数据进行实证研究发现,家庭农场在化肥施用量、农药使用量、秸秆机械化还田和节水灌溉等方面都表现出生态自觉性。蔡荣、汪紫钰、钱龙、杜志雄(2019)利用全国家庭农场监测数据进行实证研究发现,与不加入合作社的家庭农场相比,加入合作社的家庭农场的化肥和农药减量施用概率分别提高43.3%和43.7%。

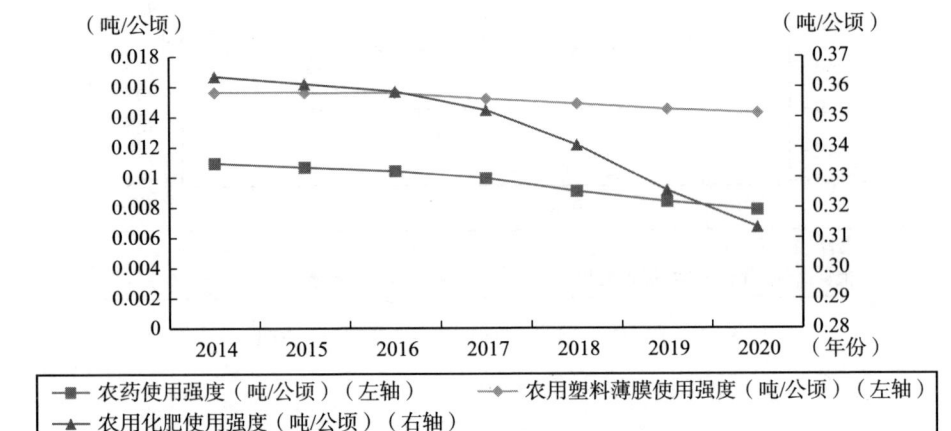

图 5-8 生态宜居水平变化趋势-1(2014~2020年)

资料来源:《中国农村统计年鉴》(2015~2021年)。

如图5-9所示,低碳层面的燃气普及率水平有了大幅度提高,从2014年的20.32%上升到2020年的30.87%。宜居层面的自来水普及率从2014年的69.3%上升到2020年的83.9%,乡镇卫生机构人员和平均每千人农村卫生技术人员也都有显著提高,分别从2014年的124.7万人和1.21人上升到2020年的148.1万人和1.55人。绿化覆盖率从2014年的12.98%上升到2020年的15.04%。农业生产方式的转变将导致农民生活方式的改变以及农村公共服务水平的提高,进而提高低碳层面和提升宜居层面乡村生态宜居水平。

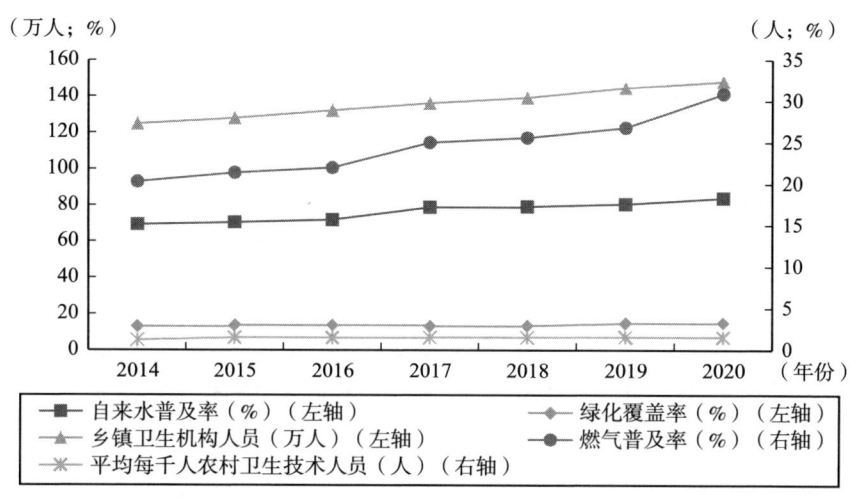

图 5-9　生态宜居水平变化趋势-2（2014~2020 年）

资料来源：EPS 数据库。

三、乡村乡风文明发展现状

土地规模经营与服务规模经营协调发展在转变农业生产方式和生活方式的同时，也将不断提升农民的精神生活诉求，进而影响文明创建、公共教育和文娱支出层面的乡风文明水平。如图 5-10 所示，文明创建方面，乡村文化站的数量呈现出小幅下降趋势，但这一时期农村网络普及水平和手机普及率不断提高。《中国乡村振兴综合调查研究报告 2021》数据显示，20%的农村已经实现"户户通"宽带，90%以上的家庭至少拥有 1 部智能手机，这为乡村文明创建提供了现实基础。公共教育方面，义务教育学校专任教师本科以上比例呈现出上升趋势，从 2014 年的 41.68%上升到 2020 年的 65.6%，而平均每个教师负担小学生数和乡村小学人均图书数量变化幅度较小。乡村小学人均计算机数呈现出上升趋势。文化娱乐支出占农民消费总支出的比例基本处于 10%左右，但从总额角度来看一直呈现出上升趋势。

(万个；百万人；人；%)　　　　　　　　　　　(册/人；台/百人；%)

图例：
- ■ 乡镇综合文化站（万个）（左轴）
- ● 小学专任教师数（百万人）（左轴）
- ▲ 平均每个教师负担小学生数（人）（左轴）
- ● 文教娱乐支出占比（%）（左轴）
- × 乡村小学人均图书数量（册/人）（左轴）
- ＊ 乡村小学专任教师本科以上学历占比（%）（右轴）
- ＋ 乡村小学人均计算机数（台/百人）（右轴）

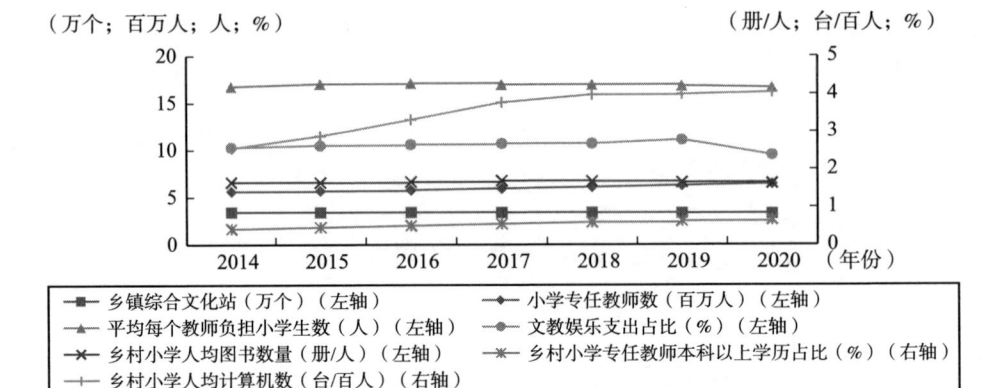

图 5－10　乡风文明水平变化趋势（2014～2020 年）

资料来源：EPS 数据库。

四、乡村治理有效发展水平的发展现状

土地规模经营与服务规模经营协调发展过程中大量的新型农业经营主体出现，农村土地经营主体呈现出多元化特征，农村聚集更多的农业科技人才，农业资本投入结构也发生变化，农业技术水平不断提高，这一系列变化也使得乡村治理面对更为复杂的现实情况。如图 5－11 所示，治理体系方面，村支书、村委会主任一肩挑是解决"两委"矛盾的重要举措，2014～2020 年间村支书、村委会主任一肩挑比例呈现出上升趋势，从 36.07% 上升到 47.65%。选民参与度是体现村民自治的重要衡量指标，这一期间都处于 87%～91% 之间。治理效果方面，农村居民最低生活保障人数呈现出显著的下降趋势，从 2014 年的 5207.2 万人下降到 2020 年的 3620.8 万人。农村居民基本养老保险的参保比例也呈现出上升趋势，这一期间该比例从 71.6% 上升到 90.4%。

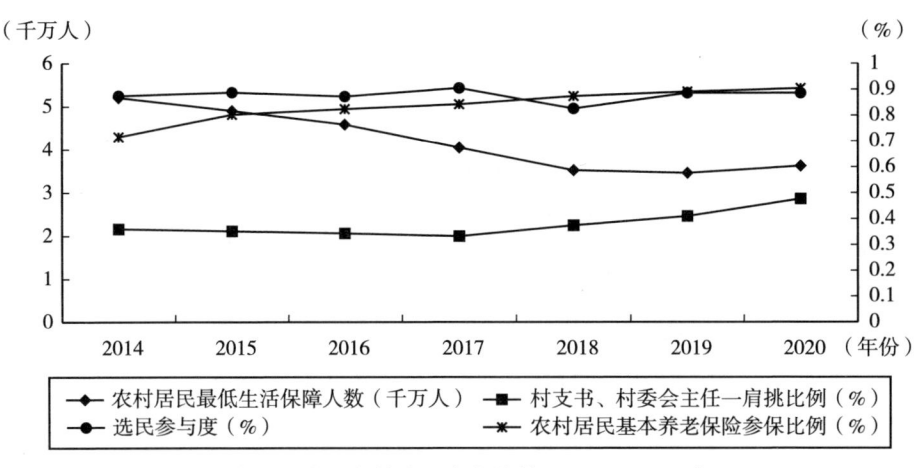

第五章 农村土地"三权分置"、农业生产方式与乡村振兴（2014年至今） 127

图 5-11 治理有效水平变化趋势（2014~2020年）

资料来源：EPS 数据库。

五、乡村生活富裕发展现状

土地规模经营与服务规模经营协调发展农业生产方式能够为农民提供多元化的收入渠道，进而不断提高农民的收入水平，并进一步带动农民消费水平的提高，不断推动乡村生活富裕水平。城乡收入和消费水平一直存在差距，从二者对比的角度能够更好地体现乡村生活富裕水平。如图 5-12 所示，城乡居民人均收入对比和城乡消费水平对比都呈现出下降的趋势，分别从 2014 年的 2.75 和 2.9 下降到 2020 年的 2.56 和 2.1，这在一定程度上说明农村居民收入和消费水平的提升。人均太阳能热水器面积（平方米/百人）和交通通信支出占比都呈现出上升趋势，分别从 2014 年的 12.78 平方米/百人和 12.1% 上升到 2020 年的 16.52 平方米/百人和 13.4%。

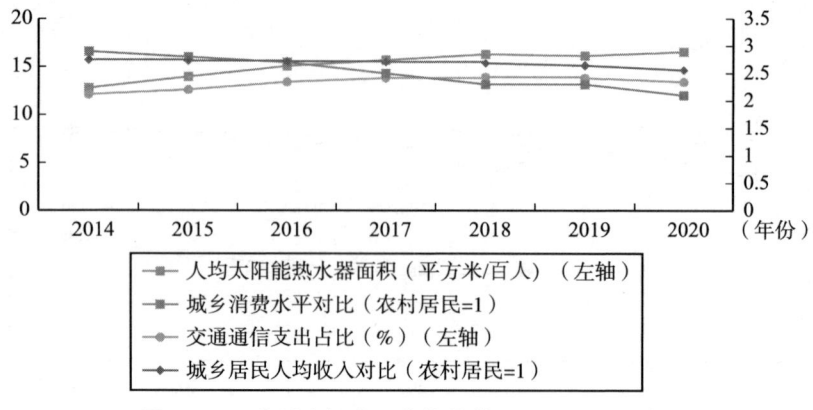

图 5-12　生活富裕水平变化趋势（2014~2020 年）

资料来源：EPS 数据库。

第四节　土地规模经营与服务规模经营协调发展农业生产方式面临的困境

农村土地"三权分置"通过发挥土地配置效应、劳动配置效应、资本配置效应和技术配置效应推动农业生产方式向土地规模经营与服务规模经营协调发展转变，二者的协调发展又进一步影响乡村产业兴旺、生态宜居、乡风文明、治理有效与生活富裕水平。农业生产方式是这一影响逻辑的关键，因此探究土地规模经营与服务规模经营协调发展过程中所面临的现实困境具有重要的现实意义。土地规模经营与服务规模经营协调发展有 4 种不同的形态，如何推进第 Ⅰ、第 Ⅱ、第 Ⅲ 种形态转向第 Ⅳ 种形态是二者协调发展的核心，而实现这一转变目标的关键就是要厘清土地要素配置、劳动要素配置、资本要素配置和技术要素配置过程中的困境。

一、土地要素配置困境

土地要素配置的关键在于农村土地流转问题，主要面临着以上几个方面的困境。

（1）小农户之间土地经营权流转形成的土地规模经营可能呈现出"分散式规模"特征，即土地经营权流入小农户家庭经营的土地面积增加，但可能分散在不同的地块，这将在一定程度上阻碍纵向分工的深化。同时，农业生产面临着自然环境、粮食价格等因素影响，农业生产经营收益呈现出不确定性特征，这也将在一定程度上影响小农户购买农业服务的意愿和数量。此外，小农户的小规模土地规模经营也在一定程度上意味着农业服务需求的不足问题，这也必然会阻碍服务规模经营主体的发展。上述困境都将进一步影响农业生产要素的优化配置，不利于土地规模经营与服务规模经营的协调发展，阻碍状态Ⅰ向状态Ⅳ转变。

（2）在农村土地"三权分置"产权制度安排下，土地经营权的放活是否一定能够促进土地规模经营的持续增加，进而影响在土地经营权流入小农户的基础上逐步发展起来的各类新型农业经营主体的发展。对于已经在城市生活的农民而言，如果土地经营权流转收益不高或者索要高额流转价格未果，他们可能会选择宁可闲置农村土地也不愿意流转土地经营权，这可能会在一定程度上限制土地经营规模的扩大，并造成农村土地的浪费，不利于土地要素的集聚进而影响服务规模组织的发展壮大。

（3）当小农户以土地经营权入股提供农机服务的新型农业经营主体时面临着小农户的土地经营权入股形式问题。如何建立合理的土地经营权作价机制是土地经营权入股面临的主要问题，这也将进一步影响到服务规模经营主体的发展。

二、劳动要素配置困境

劳动要素配置的关键在于促进城乡人口的双向流动，但这一过程中面临着以下一些困境。

（1）农业劳动者兼业化、老龄化和女性化特征明显。在农村青壮年劳动力不断向城市转移背景下，留在农村的农业劳动者呈现出兼业化、老龄化和女性化特征。从兼业化角度来看，2020年我国户籍人口城镇化率和常住人口城镇化率分别为45%和61%，不同城镇化测度方法中这16%的差别就是大量进入城市工作的农民，其中多数都是属于兼业农户（李晶晶、刘文明、郭庆海，2021）。近年来，我国的农户兼业化比重不断上升，东中西部兼业化程度呈现出差异性。具体来看，东部地区＞中部地区＞西部地区，经济越发达的地区农户兼业化程度越高。进一步地，利用1998～2019年的数据进行实证研究发现，农业的兼业化显著负向影响农业的转型升级（杜龙，2020）。

从老龄化角度来看，第三次全国农业普查数据显示，2016年全国层面农业生产经营人口年龄构成中55岁以上的比例为33.6%，比2006年第二次全国农业普查中51岁以上的比例32.5%还要高1.1%。2016年年龄在35岁及以下的比例为19.2%，比2006年年龄在30岁以下20.2%的比例还要低1%[①]。从两个数据不难看出，农业生产经营从业人员中的老龄化趋势不断凸显，而且年轻人从事农业生产的比重呈现出大幅下降趋势。从区域角度来看，如果以农业生产经营人口年龄构成中55岁及以上比例来测度，2016年农业从业人员老龄化趋势由高到低分别为东部地区（37.9%）、中部地区（34.4%）、东北地区（32.6%）和西部地区（29.5%）。与第二次全国农业普查数据相比，以农业生产经营人口年龄构成中51岁以上比例来测度，2006年农业从业人员老龄化趋势由高到低分别为东部地区（35.3%）、中部地区（33.3%）、西部地区（31.2%）和东北地区（25.7%）。从横向粗略对比来看，东部地区、中部地区和东北地区的农业生产经营人口老龄化程度越发严重，考虑到测度口径因素，西部地区的农业生产经营人口老龄化程度变化相对较小。此外，从数据中不难发现，东北地区的农业从业人员老龄化程度上升最快（6.9%），如果考虑测度口径因素，东北地区的农业从业

---

① 第二次和第三次全国农业普查数据中农业生产经营人员年龄构成的测度口径有所变化。其中，第三次全国农业普查数据将年龄构成划分为年龄35岁及以下、年龄36～54岁和年龄55岁及以上三个类别，第二次全国农业普查数据将年龄构成划分为20岁及以下、21～30岁、31～40岁、41～50岁和51岁以上五个类别。

人员老龄化程度可能更为严重。此外，据《中国农村发展报告2020》预测，2025年农村60岁以上人口比重将达到25.3%，谁来种地这一问题也将越来越严重。

从女性化角度来看，农业生产女性化是世界各国农业转型过程中普遍面临的问题（梁栋、吴惠芳，2017）。同样，我国农业从业人员中也呈现出一定的女性化趋势。从第二次全国农业普查（2006年）数据来看，农业从业人员中的女性占比为53.2%。但从第三次全国农业普查（2016年）数据来看，农业从业人员中的女性占比为下降为47.5%，这在一定程度上说明农业劳动力的女性化趋势有所转变。从区域角度来看，2006年各区域中农业从业人员的女性占比均超过男性，从高到低依次为东部地区（55.1%）、中部地区（54.3%）、西部地区（51.4%）、东北地区（50.3%）。2016年各区域中农业从业人员的女性占比均低于男性，从高到低依次为西部地区（47.9%）、东部地区（47.6%）、中部地区（47.4%）、东北地区（45.7%）。因此，区域视角下的数据也表明农业从业人员女性化趋势有所缓解。从横向比较来看，2006年和2016年不同区域的农业从业人员女性化程度有所不同。与2006年相比，2016年西部地区的女性化趋势由第3位升至第2位，东部地区和中部地区分别由第1位和第2位降为第2位和第3位，东北地区未发生变化。从纵向比较来看，农业从业人员女性化降幅由高到低依次为东部地区（7.5%）、中部地区（6.9%）、东北地区（4.6%）和西部地区（4.5%）。

（2）外出能人返乡创业不利因素多。返乡动机、创业资本、政府支持以及个体特征因素是外出能人返乡的重要影响因素（程广帅、谭宇，2013）。从返乡动机角度来看，追求财富是外出能人返乡创业的基本目标，以流转农村土地建立新型农业经营主体是外出能人返乡创业的主要形式，但新型农业经营主体发展过程中面临着诸多现实困境。从创业资本角度来看，外出能人返乡创业各类新型农业经营主体多数时大多数都面临着融资困境。宋洪远、石宝峰、吴比（2021）根据农业农村部农村经济研究中心课题组2018年的调查数据进行研究发现，新型农业经营主体中存在融资需求的比例高达76.22%，但不同类型的新型农业经营主体的融资需求存在差别，从高到低依次为家庭农场（83.17%）、龙头企业（79%）、合作社（76.68%）、种养大户（71.01%）。进一步的研究还发现，有近20%的新型农业经营主体不能从银行获得贷款，在获得贷款的新型农业经营主体中也有超过20%的比例不能满足其全部贷款金额。新型农业经营主体所面临的融资困境都将在不同程度上影响他们购买农机服务的需求或者购买农机服务的能力，不利于服务规模经营组织的培育发展，也进一步影响到土地规模经营与服务规模经营的协调发展。从政府支出角度来看，财政扶持政策对返乡创业企业发展有着显著正向影响（王轶、陆晨云，2022）。但财政扶持资金面临着扶持资金少需求多、政府补贴标准高难以享受政策支持以及一些补贴发放机制不健全等问题（李彦娅、谢庆华，2019）。为了促进外出能人返乡创业的新型农业经营主体的发展壮大，国家会按照一定标准给予新型农业经营主体购买农机器具的补贴。但从现行补贴政策来看，农机补贴更多倾向于传统的国产农机器具，这可能会导致使用期限较短，很难满足日益增加的农机服务需求以及环境保护要求。此外，在村委会主导的新型农业经营组织中，补贴购得的农机器具属于村集体资产，不能变卖的农机器具也会造成资源闲置和浪费，不能有效发挥财政支农的积极作用。从个人特征角度来看，年龄、性别、受教育程度等也是影响外出能人返乡的重要因素（陈文超、陈雯、江立华，2014），一些外出年轻人对农业生产过程了解不多，更向往城市的生活，返乡意愿并不强烈。

（3）各类城市人才下乡意愿不强。无论是土地规模经营主体还是服务规模经营主体，当发展到一定阶段时都将面临专业人才匮乏问题。一方面，专业管理人才的缺失可能对新型农业经营主体的经营管理以及未来发展方向产生不利影响，进而影响到其发展壮大。另一方面，操作农机器具专业技术人才的匮乏会影响到新型农业经营主体对农机服务的供给。如何培育不同年龄阶段的专业技术人员也是新型农业经营主体面临的重要困境。城市人才下乡能够通过培训、指导等方式来提高农业从业人员的人力资本水平，但农村的基础设施建设、教育等公共服务水平相对较低，这在一定程度上影响着城市人才的下乡意愿。

三、资本要素配置困境

资本要素配置的关键是多元化农业资本投入，为乡村振兴发展投入更多的资金支持，但从现实角度来看面临着以下一些困境。

（1）财政资金投入缺乏针对性和普惠性。新型农业经营主体内生发展过程中面临着脆弱性与扶持政策不足困境，不利于农业生产要素的有机结合，对土地规模经营与服务规模经营的协调发展产生不利影响。从实践角度来看，诸如家庭农场和专业大户都面临着类似小农户的发展脆弱性，农民合作社等面临着企业化经营机制的缺乏等问题（孔祥智、周振，2020），而政府对这些新型农业经营主体的财政扶持缺少针对性和普惠性。

（2）金融机构惠农支持力度不足。金融支持是实现乡村振兴的根本保障，但当前金融机构支持农业力度还存在诸多不足，主要体现在以下几个方面：一是现有农村金融机构体系建设难以有效满足乡村发展的金融需求。在国家一系列政策的支持下，农村金融机构建设已逐步发展完善，但仍以银行机构为主，而保险、证券、担保等金融机构则严重不足（王修华，2019）。数字普惠金融被认为能够通过减少金融排斥、提高风险管控等有效推进乡村的全面振兴（谢地、苏博，2021），但其发展过程中面临着城乡之间的"数字鸿沟""生态鸿沟""教育鸿沟"，进而降低普惠金融对乡村发展的影响（星焱，2021）。二是农民贷款抵押品难以达到金融机构要求。农民在发展过程中缺乏必要的、符合金融机构要求的抵押物品，导致农民难以从金融机构获得金融支持。农民贷款从事农业生产面临风险高回报低问题，金融机构更偏好将资金投入到高回报的产业。三是农村金融机构虹吸农村资金流向城市。农民主要将闲置资金存储到农村金融机构，但这些投资更多流向了城市而非支持乡村建设。

（3）社会资本下乡面临投资难与风险大困境。从投资难角度来看，主要面临着用地难、融资难和用工难等问题。用地难主要体现在农村土地流转契约的不稳定与配套设施建设用地问题。农村土地流转契约的不稳定性将影响社会资本的投资意愿，而农业发展过程中大型农业设备存储用地面积可能会超过国家设施用地要求。在农业发展过程中社会资本同样缺乏资金，财政资金与金融机构支持农业发展过程中所面临的困境同样影响着社会资本下乡发展农业产业。用工难主要体现为农业劳动力老龄化与人力资本水平相对较低，难以满足社会资本下乡发展的人才需求。从风险大角度来看，社会资本下乡从事农业生产过程与村民发生诸如水利设施使用顺序、农民阻碍企业收割农作物等各种形式的冲突（陈义媛，2019）。此外，社会资本下乡后可能也面临着"非农化""非粮化"，以及因经营不善跑路等现实风险，并对农村土地造成破坏。

四、技术要素配置困境

（1）大规模农业机械化耕作的供需矛盾。从供给方面来看，农业机械化的大规模操作更多是由村内拥有农业机械的农户或者新型农业经营主体来完成，而正如前文所提到的，农户或者新型农业经营主体在购买农业机械时都存在着资金困境。在实践中，农业机械购置补贴有限缺乏普惠性，而且补贴政策缺乏地区差异性考虑，不利于农业机械化的普遍开展。此外，不同地区地形等自然条件存在差异，如何提供差异化的农业机械化工具也值得进一步关注。从需求方面来看，各类新型农业经营主体在发展壮大过程中或自行购买农业机械或购买农业社会化服务，这都在一定程度上推动了农业机械化水平的提高。小农户是否购买其他小农户或者新型农业经营主体的农业服务还要取决于服务价格、自然灾害、地理位置等诸多因素。当价格过高、出现自然灾害（诸如洪涝等）以及地理位置不适宜机械化操作时，小农户对农业社会化服务的需求将会降低。

（2）农业科技投入不足与转化率低。从农业科技投入角度来看，据统计数据显示，"十五"到"十三五"期间，我国的农业科技活动经费从48亿元上升到428.6亿元，整体增长率呈现出上升趋势，但占GDP的比重不足1%，与发达国家的农业科技投入存在较大差距。在当前新冠疫情以及世界经济发展大环境影响下，农业科技投入难以解决我国农业领域面临的关键技术"卡脖子"问题。从转化率角度来看，农业科技转化率面临诸多现实问题，农业科技发展面临着研发周期长期性与政策短期性矛盾，而且农业科技研发主要集中在科研院所和高校，这些单位人员往往面临职称压力，进而出现"重理论、轻转化"问题，科研院所、高校与企业融合深度不够，成果转化落地水平差，科研供给与市场需求"两张皮"现象突出。

（3）绿色农业发展方式转型难。据农业农村部的数据显示，2015年我国农业种植业的化肥使用量近21.9公斤/亩，比世界平均水平高出近13.9公斤/亩。与美国和欧盟相比，这一数据分别高出13.2公斤/亩和13.5公斤/亩，这对我国农业绿色发展将产生不利影响。农业绿化发展涉及土壤保护、育种、栽培技术、施肥、打药等诸多方面，而如何实现土壤保护、提高育种水平、实施高科技栽培技术、采用新型设备施肥打药都需要大量的农业科技投入进行研发与推广。从现实角度来看，一些地区的新型农业经营主体已经不断开始采取这些新技术，但小农户仍然是当前农业生产的主体，如何带动小农户进行绿色生产转型仍面临诸多现实困境。

第五节 本章小结

本章同样以第三章为基础，深入探讨农村土地"三权分置"产权制度安排下农业生产方式的基本表现形式、这种农业生产方式下乡村发展现状，以及这种农业生产方式所面临的现实困境。

（1）在农村土地"三权分置"产权制度安排下，在土地配置效应、劳动配置效应、资本配置效应和技术配置效应的综合影响下，这一时期农业生产方式将转变为土地规模经营与服务规模经营的协调发展。土地规模经营与服务规模经营的协调发展有着现实要求和实践基础。从现实要求角度来看，人多地少以及不同地区农业资源禀赋差异使得土地规模经营面临诸多困境，小农户的长期存在将是我国的基本国情和农情，这也就进一步指出了我国要协调发展土地规模经营与服务规模经营。进一步地，根据土地规模经营与服务规模经营发展水平的不同，将二者之间的协调性划分为4种不同的状态。具体来说，第Ⅰ种形态是"土地规模经营水平低、服务规模经营水平低"；第Ⅱ种形态是"土地规模经营水平高、服务规模经营水平低"；第Ⅲ种形态是"土地规模经营水平低、服务规模经营水平高"；第Ⅳ种形态是"土地规模经营水平高、服务规模经营水平高"。第Ⅰ、第Ⅱ、第Ⅲ种形态土地规模经营与服务规模经营的组合都处于协调性的低水平阶段，第Ⅳ种形态处于协调性的高水平阶段，如何从第Ⅰ、第Ⅱ、第Ⅲ种形态转向第Ⅳ种形态是土地规模经营与服务规模经营协调发展的最终目标。进一步地，土地规模经营与服务规模经营的协调发展通过不同途径影响乡村产业兴旺、生态宜居、乡风文明、治理有效和生活富裕水平。

（2）土地规模经营与服务规模经营的农业生产方式面临第Ⅰ、第Ⅱ、第Ⅲ种形态转向第Ⅳ种形态的现实困境，这些农业生产方式中所体现出的困境将影响乡村的振兴发展。这些困境的本质是不同农业生产要素组合出现问题，因此，实现第Ⅰ、第Ⅱ、第Ⅲ种形态转向第Ⅳ种形态转变的关键就是要厘清土地要素配置、劳动要素配置、资本要素配置和技术要素配置过程中的困境。从土地配置效应角度来看，存在以下三个方面的困境：一是小农户之间土地经营权流转形成的土地规模经营可能呈现出"分散式规模"特征；二是土地经营权的放活是否一定能够促进土地规模经营面积的持续增加，进而影响新型农业经营主体的发展壮大；三是当小农户以土地经营权入股提供农机服务的新型农业经营主体时面临着小农户的土地经营权入股形式问题。从劳动配置效应角度来看，存在以下三个方面困境：一是农业劳动者兼业化、老龄化和女性化特征明显；二是外出能人返乡创业不利因素多；三是各类城市人才下乡意愿不强。从资本配置效应角度来看，存在以下三个方面的困境：一是财政资金投入缺乏针对性和普惠性；二是金融机构惠农支持力度不足；三是社会资本下乡面临投资难与风险大困境。从技术配置困境角度来看，存在以下三个方面的困境：一是大规模农业机械化耕作的供需矛盾；二是农业科技投入不足与转化率低；三是绿色农业发展方式转型难。

第六章

乡村振兴水平的测度及其动态变化

为了对第三章关于农村土地产权、农业生产方式与乡村振兴三者之间逻辑关系进行实证检验,首先要对乡村振兴水平以及动态变化进行测度和讨论。因此,本章主要包括以下三个方面:一是构建乡村振兴的指标体系;二是介绍乡村振兴测度的方法与数据来源;三是讨论乡村振兴水平的评价结果以及动态变化趋势。

第一节 乡村振兴指标选取

基于指标体系构建的简约性、独立性、代表性、可比性以及可行性原则,有益借鉴现有文献中对乡村振兴研究中的指标选取的经验,并根据第三章关于乡村振兴内涵经济学解释的相关内容,从产业兴旺、生态宜居、乡风文明、治理有效和生活富裕五个方面构建如下乡村振兴指标体系(如表6-1所示)。

表6-1 乡村振兴指标体系

一级指标	二级指标	三级指标	指标说明	方向	权重(%)
产业兴旺	数量层面	农作物播种面积（十万公顷）	农作物播种面积	+	3.05
		实际农业产值（百亿元）	实际农业产值	+	2.65
	效率层面	劳动生产效率（吨/人）	粮食总产量/乡村总人口	+	1.86
		土地生产效率（吨/公顷）	粮食总产量/农作物播种面积	+	3.18
	安全层面	粮食播种面积占比（%）	粮食播种面积/农作物播种面积	+	4.00
		有效灌溉面积占比（%）	有效灌溉面积/农作物播种面积	+	2.87
	环境层面	化肥施用强度（吨/千公顷）	农用化肥施用量/农作物播种面积	−	4.45
		农药使用强度（吨/千公顷）	农药使用量/农作物播种面积	−	6.15
		塑料薄膜使用强度（吨/千公顷）	农用塑料薄膜使用量/农作物播种面积	−	6.20
生态宜居	低碳层面	燃气普及率（%）	燃气普及率	+	2.80
	宜居层面	自来普及率（%）	自来普及率	+	2.71
		绿化覆盖率（%）	绿化覆盖率	+	4.82
		平均每千人农村卫生技术人员数（人）	平均每千人农村卫生技术人员数	+	2.36
乡风文明	文明创建	乡镇文化站比例（%）	乡镇文化站数量/乡镇总数	+	1.62
		艺术团体演出农村观众人均观看次数（次）	艺术团体演出农村观众人均观看次数/乡村总人口	+	4.18

续表

一级指标	二级指标	三级指标	指标说明	方向	权重(%)
乡风文明	公共教育	义务教育学校专任教师本科以上比例(%)	乡村小学和初中本科以上学历教师总数/乡村小学和初中专任教师总数	+	3.20
		平均每个教师负担小学生数(人)	乡村小学在校人数/乡村小学专任教师总数	−	3.86
		乡村小学人均计算机数(台/人)	乡村小学计算机数/乡村小学在校生人数	+	2.02
		乡村小学人均图书量(册/人)	乡村小学图书量/乡村小学在校生人数	+	2.37
	文娱支出	文化娱乐支出(元)	文化娱乐支出金额	+	2.26
治理有效	治理体系	村支书、村委会主任一肩挑比例(%)	村支书、村委会主任一肩挑人数/村委会主任人数	−	2.91
		选民参与度(%)	村民委员会参加投票人数/村民委员会登记选民数	+	6.04
	治理效果	农村最低生活保障人数(万人)	农村最低生活保障人数	−	5.43
		农村居民基本养老保险参保比例(%)	农村居民基本养老保险/乡村总人口	+	4.35
生活富裕	收入水平	城乡居民收入比	城镇居民家庭人均可支配收入/农村居民家庭人均支配收入	−	4.91
	生活水平	城乡居民人均消费支出比	城镇居民家庭人均消费支出/农村居民家庭人均消费支出	−	4.61
		人均太阳能热水器面积(平方米/人)	太阳能热水器面积/乡村总人口	+	1.22
		交通通信支出占比(%)	交通通信支出/农村居民消费支出	+	3.90

注：运用 Matlab 软件采用纵横向拉开档次客观确定不同指标的权重，计算原理详见第六章第二节。

一、产业兴旺

主要包括数量层面、效率层面和安全层面三个方面。(1)数量层面。选取农作物播种面积和实际农业产值两个指标。农作物播种面积越大代表着乡村产业兴旺有更好的基础，而实际农业产值越大也表明乡村产业发展水平越高。(2)效率层面。选取劳动生产率和土地生产率两个指标，其中劳动生产率=粮食总产量/乡村总人口，土地生产率=粮食总产量/农作物播种面积。劳动生产率和土地生产率水平在一定程度上代表着乡村产业发展有着更高的效率。(3)安全层面。选取粮食播种面积与农作物播种面积之比和有效灌溉面积与农作物播种面积之比两个指标。粮食安全是"国之大者"。习近平总书记多次提到粮食安全是"实现经济发展、社会稳定、国家安全的重要基础"，实施乡村振兴战略也必须要把确保重要农产品特别是粮食供给作为首要任务[①]。2022年1月4日，《中共中央、国务院关于做好2022年全面推进乡村振兴重点工作的意见》中明确提出要稳定全年粮食播种面积和产量，并分别在黄淮海、西北、西南地区、东北地区和黑龙江部分地区开展带状复合种植、粮豆轮作和水改旱、稻改豆试点，大力实施大豆产能提升工程。因此，粮食播种面积占农作物播种面积的比例越高，越有利于保障粮食总量的安全。旱灾是粮食生产过程中面临的重要灾种，保障农业用水的充足是保障粮食安全的重要基础。有效灌溉面积占农作物播种面积比例越高，农业用水保障能力越强，粮食安全基础越稳固。

二、生态宜居

主要包括环境层面、低碳层面和宜居层面三个方面。(1)环境层

[①] 中华人民共和国中央人民政府：习近平看望参加政协会议的农业界社会福利和社会保障界委员，www.gov.cn/xinwen/2022-03/06/content_5677564.htm。

面。选取化肥施用强度、农药使用强度和塑料薄膜使用强度三个指标。其中，化肥施用强度＝农用化肥施用量/农作物播种面积，农药使用强度＝农药使用量/农作物播种面积，塑料薄膜使用强度＝农用塑料薄膜使用量/农作物播种面积。化肥、农药和塑料薄膜的大规模使用等是造成农业污染的重要原因（金书秦、沈贵银、魏珣、韩允垒，2013；于法稳，2018）。因此，降低化肥施用强度、农药使用强度和塑料薄膜使用强度是提高乡村生态环境的重要措施。（2）低碳层面。选取燃气普及率指标。大多数农村地区仍然采用农村秸秆烧火做饭，而农村秸秆焚烧带来大量的碳排放以及严重的农村环境问题（许山晶、尹晓青，2021），使用燃气则会大幅降低碳排放进而减少农村的环境污染。（3）宜居层面。选取自来水普及率、绿化覆盖率和平均每千人农村卫生技术人员数3个指标。自来水普及率和绿化覆盖率越高，以及平均每千人农村卫生技术人员数越大，则在一定程度上代表着乡村的宜居水平越高。

三、乡风文明

主要包括文明创建、公共教育和文娱支出三个方面。（1）文明创建层面。选取乡镇文化站比例和艺术团体演出农村观众人均观看次数两个指标。其中乡镇文化站比例＝乡镇文化站数量/乡镇总数，艺术团体演出农村观众人均观看次数＝艺术团体演出农村观众人均观看次数/乡村总人口，这两个指标越大越能够表明乡村的文明创建水平越高（闫周府、吴方卫，2019）。（2）公共教育层面。选取义务教育学校专任教师本科以上比例、平均每个教师负担小学生数、人均乡村小学计算机数、乡村小学人均图书量四个指标。其中，义务教育学校专任教师本科以上比例＝乡村小学和初中本科以上学历教师总数/乡村小学和初中专任教师总数，平均每个教师负担小学生数＝乡村小学在校人数/乡村小学专任教师数，乡村小学人均计算机数＝乡村小学计算机数/乡村小学在校生人数，乡村小学人均图书量＝乡村小学图书量/乡村小学在校生人数。义务教育学校专任教师本科以上比例越高、人均乡村小学计算机数与乡村小学人均图书量越多，以及平均每个教师负担小学生数越少在一定程度上表明有着更高的乡村公共教育水平。(3) 文娱支出层面。选择人均文教娱乐支出指标。人均文教娱乐支出水平越高在一定程度上表明农民有更多的闲暇时间投入到精神文明建设，进而影响乡风文明建设。

四、治理有效

主要包括治理体系和治理效果两个方面。(1) 治理体系层面。选取村支书、村委会主任一肩挑比例和选民参与度两个指标。村支书、村委会主任一肩挑比例＝村支书、村委会主任一肩挑人数/村委会主任人数，选民参与度＝村民委员会参加投票人数/村民委员会登记选民数。村支书与村委会主任之间的关系对乡村发展具有重要影响，而二者之间不合被认为是一个普遍的现象（陈涛、吴思红，2007）。因此，如何构建和谐的"两委"关系对乡村振兴发展具有重要的现实意义（张舒平，2007）。近几年，诸如《乡村振兴战略规划（2018～2022年）》《中国共产党农村基层组织工作条例》（2018年），以及中央一号文件等一系列政策文件都提到要全面推进村支书与村委会主任的"一肩挑"。村支书与村委会主任"一肩挑"是解决"两委"之间不和谐关系的一项农村基层组织建设的制度创新，是贯彻落实党的十九大精神、推进乡村振兴战略决策部署的具体体现（陈军亚，2019；程同顺、史猛，2019）。从这个意义上来讲，村支书与村委会主任"一肩挑"比例高有利于降低决策成本进而对乡村振兴产生积极影响。选民参与度越高，也意味着乡村治理体系越完善，越有利于推进乡村振兴发展。(2) 治理效果层面。选取农村最低生活保障人数和农村居民基本养老保险参保比例两个指标。其中，农村居民基本养老保险参保比例＝农村居民基本养老保险/乡村总人口。农村最低生活保障人数的下降和农村居民基本养老保险参保比例的提高在一定程度上代表着更高的乡村治理效果。

五、生活富裕

主要包括收入水平层面和生活水平层面两个方面。（1）收入水平层面。选取城乡居民收入比和城乡居民人均消费支出比两个指标。其中，城乡居民收入比=城镇居民家庭人均可支配收入/农村居民家庭人均可支配收入，城乡居民人均消费支出比=城镇居民家庭人均消费支出/农村居民家庭人均消费支出。一直以来，城乡居民之间的收入和消费水平都存在着一定差距，通过考察城乡居民收入比和城乡居民人均消费支出比的动态变化能够反映出农村居民收入水平和消费水平的相对提升幅度。（2）生活水平层面。农民生活富裕水平不仅体现在收入水平方面，更体现在生活水平方面。因此，选取人均太阳能热水器面积和交通通信支出占比两个指标来表明农民生活水平的变化。其中，人均太阳能热水器面积=太阳能热水器面积/乡村总人口，交通通信支出占比=交通通信支出/农村居民消费支出。人均太阳能热水器面积和交通通信支出占比的提升都在一定程度上代表着农民生活水平的改善。

第二节　乡村振兴的测度方法与数据来源

一、乡村振兴测度方法

正如在第三章中所提到的，现有文献更多用主成分分析法、层次分析法（AHP法）、因子分析法等方法对乡村振兴水平进行测度（闫周府、吴方卫，2019；杨阿维、李昕、叶晓芳，2021；徐腊梅、马树才、李亮，2018）。与现有文献的研究方法相比，由郭亚军（2002）提出的纵横向拉开档次法是基于时序立体数据的一种动态综合评价方法，能够体现出截面数据的时间趋势，不受主观因素影响，能在最大程度上体现待评价对象之间的差异，评价方法如下：

假设有 n 个评价对象，m 个指标，S 个年份，那么时序立体原始数据集为 $\{x_{ij}(t_k)\}$。其中，$x_{ij}(t_k)$ 表示区域 i 的第 j 个指标在时间 t_k 时的原始数据（i = 1, 2, ⋯, n; j = 1, 2, ⋯, m; k = 1, 2, ⋯, S）。其综合评价函数为：

$$y_i(t_k) = \sum_{j=1}^{m} w_j' x_{ij}'(t_k)$$

其中，$y_i(t_k)$ 为评价对象 i 在时间 t_k 上的综合得分；w_j' 为指标 j 归一化后的权重，$x_{ij}'(t_k)$ 为标准化后数据。

第一步，采用极差法对原始数据集进行标准化处理。对于正向指标（其值越大越好，如土地生产率），该类指标的标准化处理公式为 $x_{ij}'(t_k) = \dfrac{x_{ij}(t_k) - m_j}{M_j - m_j}$；对于逆向指标（其值越小越好，如农用化肥施用量），该类指标的标准化处理公式为 $x_{ij}'(t_k) = \dfrac{M_j - x_{ij}(t_k)}{M_j - m_j}$。上式中 $M_j = \max\{x_{ij}(t_k)\}$，$m_j = \min\{x_{ij}(t_k)\}$，$x_{ij}'(t_k) \in [0, 1]$。此时得到标准化后数据矩阵 A_k，且

$$A_k = \begin{bmatrix} x_{11}(t_k) & \cdots & x_{1m}(t_k) \\ \vdots & & \vdots \\ x_{n1}(t_k) & \cdots & x_{nm}(t_k) \end{bmatrix}, (k = 1, 2, \cdots, S)$$

第二步，确定各指标权重。权重 w_j 的原则是最大可能地体现各个评价对象之间的差异，即用 $y_i(t_k)$ 的总离差平方和来刻画，由于对原始数据进行过标准化处理，有 $\bar{y} = 0$，因此有：

$$e^2 = \sum_{k=1}^{S} \sum_{i=1}^{n} (y_i(t_k) - \bar{y})^2 = \sum_{k=1}^{S} \sum_{i=1}^{n} (y_i(t_k))^2 = \sum_{k=1}^{S} [W^T H_k W]$$
$$= W^T \sum_{k=1}^{S} H_k W = W^T H W$$

其中，H 是一个 m×m 的对称矩阵，$H_k = A_k^T A_k$，$W = (w_1, w_2, \cdots, w_m)^T$。限定 $W^T W = 1$，则 H 矩阵最大特征值所对应的特征向量即为指标权重，此时 e^2 取最大值。需要说明的是，此时权重总和大于 1，将其

进行归一化处理得到权重 w′，即为指标最终权重。

第三步，计算各个评价对象的综合评价值 $y_i(t_k)$。

二、乡村振兴指标的数据来源与说明

如前所述，基于乡村振兴的产业兴旺、生态宜居、乡风文明、治理有效和生活富裕基本内涵选取了 28 个三级指标评价乡村振兴水平（见表 6-1），本章以这些指标为基础对 2006~2020 年我国 30 个省份的乡村振兴水平进行分析和讨论，原因在于：（1）年份选取方面。2005 年 10 月 8 日，党的十六届五中全会通过的《中共中央关于制定国民经济和社会发展第十一个五年规划的建议》中明确提出按照"生产发展、生活富裕、乡风文明、村容整洁、管理民主"总要求建设社会主义新农村，这是一个全面的、综合的、统领农村工作全局的新提法，是一个具有纲领性的综合概念（温铁军，2005；陈锡文，2005；郭杰忠、黎康，2006）。与社会主义新农村建设相比，乡村振兴战略有几大转变：一是从"生产发展"向"产业兴旺"的转变；二是从"生活宽裕"向"生活富裕"的转变；三是从"乡风文明"向新的"乡风文明"的转变；四是从"村容整洁"向"生态宜居"的转变；五是从"管理民主"向"治理有效"的转变（蒋永穆，2018），这些转变不仅是字面表述上的调整，更是内涵的深化过程（叶兴庆，2018）。诸多学者认为乡村振兴战略是社会主义新农村建设的升级版（李周，2018；李长学，2018）。社会主义新农村建设为乡村建设提供了政策支持，也必将带动乡村建设迈上新台阶。因此，本书选取该政策提出第二年作为时间上的研究起点。（2）研究省份方面。因为西藏自治区、港澳台等地区数据缺失严重，本书并未将其列为研究对象。因此，乡村振兴测度的对象是我国的 30 个省份。

表 6-1 中所有指标数据主要来自 2006~2021 年的《中国农村统计年鉴》《中国社会统计年鉴》《中国教育统计年鉴》《中国民政统计年鉴》《中国城乡建设统计年鉴》以及 EPS 数据库等。缺失指标采用插值

法等方法进行补充。实际农业产值、文化娱乐支出等相关指标都以2006年作为基期进行处理以剔除通货膨胀影响。

第三节 乡村振兴的评价结果与动态变化

一、全国层面的乡村振兴评价结果

根据28个乡村振兴三级指标数据,运用Matlab软件采用纵横向拉开档次法确定不同指标的权重(如表6-1最后一列所示),并通过本章第二节中所列的计算步骤获得30个省份的乡村振兴评价结果和全国均值水平(如表6-2所示)。

表6-2　　全国层面的乡村振兴评价结果(2006~2020年)

地区	2006年	2008年	2010年	2012年	2014年	2016年	2018年	2020年	年均值
北京	0.5998	0.6867	0.6527	0.5454	0.4874	0.5000	0.4731	0.4845	0.5620
天津	0.5277	0.5415	0.5145	0.5221	0.5528	0.5852	0.6033	0.6192	0.5635
河北	0.5374	0.5082	0.5122	0.5303	0.4937	0.526	0.5514	0.5748	0.5326
山西	0.5359	0.5394	0.5268	0.5731	0.5359	0.5117	0.557	0.5562	0.5486
内蒙古	0.5492	0.5268	0.5336	0.5371	0.5309	0.5522	0.5576	0.5841	0.5461
辽宁	0.4801	0.4478	0.4435	0.4297	0.4049	0.4739	0.4576	0.5277	0.4654
吉林	0.5421	0.5423	0.4626	0.5224	0.5218	0.5637	0.5713	0.6126	0.5468
黑龙江	0.5659	0.6012	0.5505	0.5796	0.576	0.5977	0.6048	0.6296	0.5967
上海	0.5542	0.5571	0.5146	0.5007	0.4932	0.5129	0.5336	0.5115	0.5242
江苏	0.5904	0.612	0.6001	0.6473	0.5989	0.6078	0.6422	0.6441	0.6256
浙江	0.5093	0.5239	0.5261	0.5098	0.5315	0.5789	0.5244	0.5382	0.5333

续表

地区	2006年	2008年	2010年	2012年	2014年	2016年	2018年	2020年	年均值
安徽	0.4584	0.4398	0.4202	0.4981	0.5159	0.5805	0.5526	0.5867	0.5051
福建	0.4452	0.4486	0.4645	0.4781	0.489	0.4638	0.447	0.4501	0.4620
江西	0.4258	0.4688	0.4662	0.5006	0.4996	0.5277	0.5364	0.5337	0.4949
山东	0.5420	0.5625	0.5155	0.5733	0.5274	0.5923	0.5887	0.6149	0.5701
河南	0.4578	0.4857	0.4763	0.4860	0.4779	0.4832	0.4965	0.5461	0.4891
湖北	0.4469	0.4468	0.4364	0.4397	0.4805	0.5474	0.5611	0.5740	0.4962
湖南	0.5083	0.4474	0.4447	0.4709	0.4668	0.5072	0.5093	0.5111	0.4839
广东	0.3980	0.4047	0.4500	0.4237	0.4561	0.4719	0.4888	0.4909	0.4487
广西	0.4902	0.4038	0.3892	0.3944	0.3971	0.4096	0.4639	0.4808	0.4262
海南	0.4111	0.3848	0.3775	0.4283	0.3668	0.4316	0.4199	0.4216	0.4086
重庆	0.4120	0.4245	0.4558	0.4591	0.4322	0.4859	0.5011	0.4765	0.4536
四川	0.4181	0.3837	0.4218	0.4181	0.4124	0.4567	0.4555	0.4985	0.4346
贵州	0.3776	0.3442	0.3287	0.3628	0.3715	0.4073	0.4530	0.4454	0.3810
云南	0.4489	0.4065	0.3926	0.4071	0.4072	0.4032	0.4664	0.4625	0.4246
陕西	0.4512	0.4242	0.4371	0.4534	0.4619	0.4859	0.5002	0.5186	0.4568
甘肃	0.3607	0.3392	0.3514	0.3684	0.3637	0.3816	0.4333	0.4864	0.3838
青海	0.4052	0.3611	0.4349	0.4550	0.4303	0.4155	0.4133	0.4857	0.4293
宁夏	0.4461	0.4353	0.4634	0.4657	0.4767	0.5025	0.5126	0.5430	0.4864
新疆	0.4625	0.4869	0.4650	0.4619	0.4206	0.4194	0.4312	0.4339	0.4450
全国均值	0.4786	0.4728	0.4676	0.4814	0.4727	0.4994	0.5102	0.5281	0.4908

注：①限于表格篇幅原因，本书只报告了2006~2020年间偶数年份的乡村振兴评价结果。②乡村振兴评价结果按照"四舍五入"保留四位。

图6-1可以更为直观地观察乡村振兴的全国均值水平以及增长率变化情况。

图 6-1 2006～2020 年间乡村振兴水平的全国均值以及年均增长率变化趋势

从图 6-1 中不难发现，乡村振兴水平的全国均值整体呈现出不断上升的趋势。2006～2013 年间呈现出整体小幅上升，2008 年和 2010 年有小幅下降。最低水平为 2010 年的 0.4676，最高为 2013 年的 0.4824。自 2014 年以来，乡村振兴水平的全国均值则呈现出大幅增长趋势。从 2014 年的 0.4727 上升到 2020 年的 0.5281。这与 2014 年农村土地"三权分置"改革的提出以及农村土地确权工作的积极推进密切相关。乡村振兴水平全国均值的增长率呈现出大幅波动趋势。最低年份出现在 2010 年，最高年份出现在 2017 年。

二、区域层面的乡村振兴评价结果

按照东部、中部、西部和东北四个区域对 30 个省份进行划分，其中东部包括北京、天津、河北、上海、江苏、浙江、福建、山东、广东和海南。中部包括山西、安徽、江西、河南、湖北和湖南。西部包括内蒙古、广西、重庆、四川、贵州、云南、陕西、甘肃、青海、宁夏和新疆。东北包括辽宁、吉林和黑龙江。不同区域的乡村振兴发展水平也呈现出一定的差异性（如图6-2所示）。

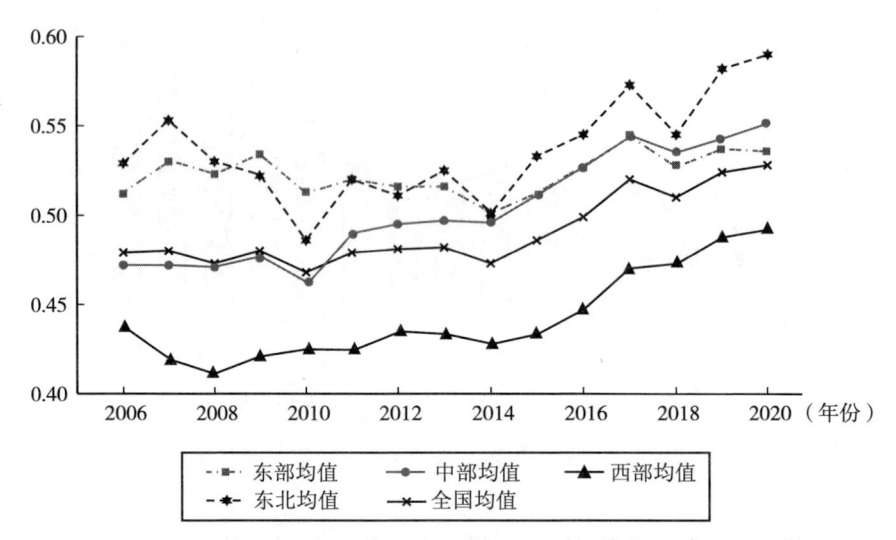

图6-2 2006~2020年间全国四大区域乡村振兴发展水平变化趋势

从图6-2中不难发现，乡村振兴的全国均值水平整体呈现出上升趋势。与全国均值水平相比，东部、中部和东北部均值水平基本高于或者接近全国均值水平，而西部地区的均值水平则显著低于全国均值水平。这说明乡村振兴发展水平存在明显的区域差异性。从东部地区来看，乡村振兴水平基本都在0.5以上，最低年份为2014年（0.4997），最高年份为2017年（0.5449）。从中部地区来看，2006~2010年间的乡村振兴均值水平低于全国均值水平，而2011~2020年间乡村振兴的均值水平一直呈现出大幅上升趋势，从2011年的0.4898上升到2020年的0.5513。从东北地区来看，乡村振兴水平波动幅度较大。2006~2010年呈现出下降趋势，2011~2020年间则呈现出波动性上升趋势。从西部地区来看，2006~2014年间乡村振兴的均值水平整体波动不大，2015~2020年间乡村振兴均值水平呈现出大幅增加趋势，但仍然低于全国平均水平。

从图6-3可知，各个省份之间的乡村振兴发展水平存在差异性。

2006~2020 年间乡村振兴均值水平较高的省份包括北京、天津、山西、内蒙古、吉林、黑龙江、江苏和山东，乡村振兴均值水平较低的省份包括广西、海南、贵州和甘肃，其余省份处于二者之间。从增长率角度来看，不同省份之间也有较大差别。其中，安徽、江西、湖北、广东、甘肃和宁夏的年均增长率较高，北京、上海、广西和新疆的年均增长率较低。

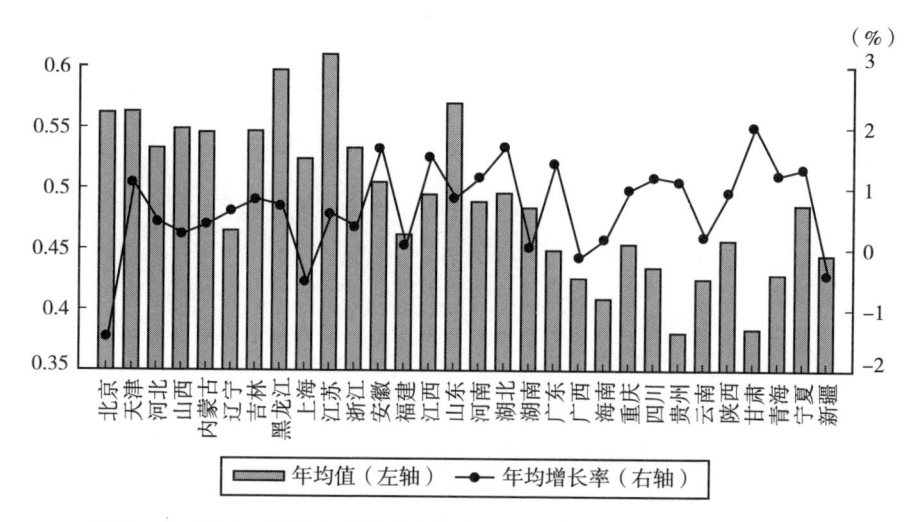

图 6-3 2006~2020 年间各省份乡村振兴水平均值及增长率变化趋势

第四节 本章小结

为了验证农村土地产权、农业生产方式与乡村振兴之间的关系，本章主要基于第三章中关于乡村振兴基本内涵的经济学解释的内容，对乡村振兴水平进行测度。本章从产业兴旺、生态宜居、乡风文明、治理有效与生活富裕角度出发，构建包含 28 个三级指标的数据，运用 Matlab 软件采用纵横向拉开档次法确定不同指标的权重，进一步计算得到乡村振兴指数。从乡村振兴指数角度来看，乡村振兴水平的全国均值整体呈现出不断上升的趋势。其中，2006~2013 年间呈现出整体小幅上升，2014~2020 年间的乡村振兴水平的全国均值则呈现出大幅增长趋势，这与农村土地产权制度安排（从"两权分离"向"三权分置"的转变以及农村土地承包经营权确权等）有密切关系。此外，不同区域和省份的乡村振兴发展水平的变化呈现出一定差异性。

第七章

农村土地产权、农业生产方式与乡村振兴之间关系的实证研究

在第六章对乡村振兴发展水平进行测度的基础上，本章运用双重差分方法（DID）对农村土地产权对乡村振兴的直接影响进行验证，并进一步利用中介效应模型对农村土地产权通过农业生产方式对乡村振兴的间接影响进行实证分析。基于此，本章主要包括以下三方面：一是计量模型的设定，包括多期DID模型和中介效应模型；二是变量选取与数据说明；三是实证回归结果，包括基本回归结果和稳健性检验结果。

第一节 计量模型设定

为了验证第三章中关于农村土地产权、农业生产方式与乡村振兴三者之间关系的讨论，本章的模型设定包括两个部分：（1）选取多期DID模型检验农村土地产权制度安排对乡村振兴的直接影响。（2）选取中介效应方法检验农村土地产权通过农业生产方式对乡村振兴的间接影响。

如前所述，本书重点从农村土地承包经营权的确权以及农村土地"三权分置"产权制度改革角度讨论农村土地产权对乡村振兴的影响。农村土地承包经营权确权工作最早于2009年在3个村进行试点，2010

年在 8 个村进行整村推进，2011～2013 年在全国在县级层面选择试点乡村或者试点乡村进行试点，2014 年以来陆续开始在山东、安徽、四川等地开展"整省推进"试点，并陆续在 2015 年、2016 年和 2017 年在全国逐步推开试点工作。因为 2014 年以前各个省份的试点地区相对较少，因此本书将农村土地承包经营权确权的试点工作确立为 2014 年（杨广亮、王军辉，2022）。2014 年 11 月，中共中央办公厅、国务院办公厅印发的《关于引导农村土地经营权有序流转发展农业适度规模经营的意见》中正式提出了农村土地"三权分置"改革思路。但政策的逐步实施始于 2015 年，因此本书将农村土地"三权分置"的实施时间确定为 2015 年。农村土地承包经营权确权是农村土地"三权分置"政策对乡村振兴产生实质影响的重要条件。但不同省份在全省范围开展土地确权试点的起始时间不同，其受到农村土地"三权分置"政策影响的先后时间不同，因而无法使用传统 DID 进行政策评估效应。因此，本书借鉴公茂刚、张梅娇（2022）的做法，综合使用农村土地承包经营权确权与农村土地"三权分置"改革进行 DID 模型设定，以农村土地承包经营权确权作为分组变量，以农村土地"三权分置"改革作为政策虚拟变量。综上所述，本章建立多期 DID 模型对农村土地产权影响乡村振兴进行实证研究，模型设定如下：

$$RRD_{it} = \alpha_0 + \beta_0 DID_{it} + \theta_0 control_{it} + \mu_i + \gamma_t + \varepsilon_{it} \quad (7-1)$$

其中，RRD_{it} 表示省份 i 在第 t 年的乡村振兴发展水平，DID_{it} 为核心解释变量，DID = treat × post，其中，treat 是农村土地承包经营权确权作为处理组分组变量，由于所有省份都陆续开展农村土地承包经营权的确权工作。因此，对所有省份而言 treat 取值都为 1。post 是农村土地"三权分置"政策虚拟变量，当年份大于等于确权试点时间时则 treat 取值为 1，当年份小于土地确权时间则 treat 取值为 0。$control_{it}$ 表示控制变量，具体变量在下文中将具体说明。μ_i 表示固定效应，γ_t 表示时间效应，ε_{it} 表示误差项。本书借鉴黄漫宇、余祖鹏、赵曜（2022）的做法，方程（7-1）并未将 treat 和 post 作为解释变量加入模型，原因在于不同省份农村土地承包经营权确权的时间不一致，加入这两个变量可能会

第七章　农村土地产权、农业生产方式与乡村振兴之间关系的实证研究

产生多重共线性问题，进而引起估计偏误。

基于第三章理论层面的分析可知，农村土地产权通过农业生产方式间接影响乡村振兴。因此，本章建立中介效应模型将农业生产方式作为中介变量，对上述理论机制进行实证检验。如前所述，农业生产方式可分解为土地配置效应、劳动配置效应、资本配置效应和技术配置效应。因此，本章分别以土地配置效应、劳动配置效应、资本配置效应和技术配置效应作为具体中介变量。进一步，基于方程（7-1），将中介效应模型设定为：

$$Z_{it} = \alpha_1 + \beta_1 aDID_{it} + \theta_1 control_{it} + \mu_i + \gamma_t + \varepsilon_{it} \quad (7-2)$$

$$RRD_{it} = \alpha_1 + \beta_2 DID_{it} + \delta Z_{it} + \theta_2 control_{it} + \mu_i + \gamma_t + \varepsilon_{it} \quad (7-3)$$

其中，Z_{it}表示中介变量农业生产方式，包括土地配置效应（lan）、劳动配置效应（lab）、资本配置效应（cap）和技术配置效应（tec）。逐步回归法、Sobel法和Bootstrap法等方式是中介效应检验的主要方法（温忠麟、叶宝娟，2014），一般来说，逐步回归法是最为常用的检验方法（张国建、佟孟华、李慧、陈飞，2019；许冰、来逢波，2022），但这种方法被认为在识别因果关系时存在诸多局限性而应该谨慎使用（江艇，2022）。诸多文献结合逐步回归法和Sobel法进行中介效应检验（曹平、王桂军，2018），但Sobel方法要求$\beta_1\delta$服从正态分布，即使两个系数分别都服从正态分布，但他们的乘积可能通常也不符合正态分布假定（温忠麟、叶宝娟，2014），而Bootstrap法被认为是最为有效的中介效应检验方法（许水平、尹继东，2014）。综上所述，按照温忠麟、叶宝娟（2014）的做法，使用Bootstrap方法替代Sobel方法，并将中介效应检验流程分为以下五个方面：

（1）检验方程（7-1）系数β_0的显著性。当系数β_0显著时则认为存在中介效应，如果系数不显著则认为存在遮掩效应。无论系数β_0是否显著都将可以继续进行检验。

（2）检验方程（7-2）和方程（7-3）中系数β_1和δ的显著性水平。当两个系数都显著时则认为间接效应显著，进行第四步检验；如果两个系数中至少有一个不显著时，则进行第三步检验。

(3) 采用 Bootstrap 方法进行中介效应检验。该方法下的中介效应检验的原假设是 $H_0 = \beta_1\delta = 0$，即不存在中介效应。Bootstrap 的基本思想是重复抽样 m 次，得到 m 个 $\hat{\beta}_1\hat{\delta}$ 的值，将它们从小到大进行排序，得到 2.5% 和 97.5% 的分位数，构成 $\hat{\beta}_1\hat{\delta}$ 的置信度为 95% 的置信区间，当该置信区间包含 0 时，则不拒绝原假设 H_0，证明不存在中介效应。当该置信区间不包含 0 时，则拒绝原假设，证明存在中介效应。当存在中介效应时进行第四步检验，当不存在中介效应时停止分析。

(4) 检验方程（7-3）中系数 β_2 的显著性。当系数 β_2 不显著，则认为直接效应不显著，只有中介效应；如果显著，则认为直接效应显著，进行第五步检验。

(5) 比较 $\beta_1\delta$ 与 β_2 的符号方向。当二者之间是符号相同，则认为属于部分中介效应，回归后报告中介效应占总效应的比例 $\beta_1\delta/\beta_0$。如果二者之间符号不相同，则认为存在遮掩效应，回归后报告间接效应与直接效应的比例的绝对值 $|\beta_1\delta/\beta_2|$。

因此，本书接下来的中介效应分析按照以上 5 个步骤进行讨论。

第二节 变量选取与数据说明

一、指标选取

（一）被解释变量

根据本书研究需要，选取乡村振兴指数（RRD_{it}）作为被解释变量，乡村振兴指数主要基于第六章中采用的纵横向拉开档次分析法进行分析获得。

（二）核心解释变量

本书选取 DID_{it} 作为核心解释变量，具体取值方法详见前文。

（三）中介变量

基于第三章的分析，农村土地产权可通过农业生产方式影响乡村振兴，本书将农业生产方式划分为土地配置效应、劳动配置效应、资本配置效应和技术配置效应，具体指标如下：

(1) 土地配置效应。重点强调农村土地在不同农业经营主体之间的优化配置，主要是在小农户之间或者小农户与各类新型农业经营主体之间进行流转。因此，选取农村土地流转面积（lan）数据作为土地配置效应的衡量指标。

(2) 劳动配置效应。主要包括农民的非农转移、农村外出能人返乡创业以及各类城市人才下乡支农。限于数据可获得性原因，本书主要选取农村劳动力流动（lab）数据作为劳动配置效应的衡量指标。借鉴刘晓光、张勋、方文全（2015），刘慧、伏开宝、李勇刚（2017），李刘艳、杨阳（2022）的做法，农村劳动力流动 =（乡村从业人员数 - 乡村第一产业从业人员数）/乡村从业人员数。关于农村外出能人返乡以及各类城市人才下乡支农建设得到了诸多实地调研数据和现实案例的验证。刘玉侠、张剑宇（2021）通过对浙江、安徽、江西和云南4省份的实地调研数据进行研究发现，外出能人返乡通过带动产业发展的"创新创业趋向"、助力文化建设的"文化交融趋向"、促进治理转型的"乡村治理趋向"和促进社会发展的"社会服务趋向"实现乡村的产业兴旺、乡风文明、治理有效以及生活富裕目标。钱再见、汪家焰（2019）基于江苏省L市G区的调研数据认为，应发挥政府、社会、文化、乡村的作用来共同推动外出能人的返乡创业。关于各类城市人才下乡支农建设也在现实案例中得到了验证，作为全国首批农业社会化服务典型案例的黑龙江省龙江县超越现代玉米种植农民专业合作社，在农业生产过程中就积极与黑龙江省农业科学院齐齐哈尔分院进行合作，实现城市农业科技人才助力乡村发展目标。

(3) 资本配置效应。主要包括财政支出、金融机构惠农支持以及社会资本下乡等。财政支出主要采用农林水事务财政支出金额（cap_1），金融机构惠农支持主要采用北京大学数字普惠金融指数（cap_2），数字普惠金融能够显著提高农业贷款在农村地区的覆盖率和渗透率，进而提高金融机构影响乡村振兴发展的能力，这在已有的研究中也得到了证实（唐建军、龚教伟、宋清华，2022；张林、温涛，2022）。限于数据可获得性等原因，社会资本投资乡村难以通过省级层面的具体指标进行衡量，但现有文献通过实地调研数据验证了社会资本对乡村振兴发展的积极影响，当然社会资本下乡也面临着诸多现实问题（周振、涂圣伟、张义博，2019；陈义媛，2019）。

（4）技术配置效应。主要包括农业机械化水平、农业科技水平和绿色农业生产方式。这三个方面都在不同方面体现了农业技术水平的提高，但本质上来讲主要是农业机械化水平的整体提升。因此，本书采取人均农业机械总动力（tec）作为衡量指标。

（四）控制变量

控制变量主要包括以下几个方面：（1）经济层面。实际 GDP（lnGDP），以 2006 年为基期进行数据处理。（2）天气层面。选取降水量（lnRain）作为衡量指标。（3）设施层面。包括乡村水电站个数（lnHyd）、农村宽带接入用户（lnBro）、乡村道路长度（lnRoa）和乡村小学当年新增校舍建筑面积（lnSch）。（4）人口层面。包括少儿抚养比（lnChi）、老年抚养比（lnOld）和文盲人口占 15 岁以上人口比例（lnAca）。

二、数据说明

本章数据主要来自《中国农村统计年鉴》、《中国教育统计年鉴》、《中国人口与就业统计年鉴》、EPS 数据库、农业部及《中国农村经营管理统计年报》、国家统计局以及各省统计年鉴。数字普惠金融指数主要来自北京大学数字金融研究中心发布的《北京大学数字普惠金融指数（2011~2020）》。除数字普惠金融指数时间区间为 2011~2020 年外，其

第七章 农村土地产权、农业生产方式与乡村振兴之间关系的实证研究

余各个变量的时间区间均为 2006~2020 年。此外，与第六章类似，因为西藏、港澳台等地区数据缺失严重，本章重点对我国其他 30 个省份进行研究。由于个别指标存在数据缺失问题，本书主要采用插值法等方法进行补充。同时，为了消除价格因素和异方差等因素影响，本书以 2006 年为基期进行数据处理，并对部分数据进行取对数处理。各个变量的主要描述性统计详见表 7-1。

表 7-1　　　　　　主要变量统计性描述

变量分类	变量名称		观测值	均值	标准差	最小值	最大值
被解释变量	乡村振兴指数（RRD）		450	0.49	0.07	0.28	0.69
核心解释变量	农村土地产权政策（DID）		450	0.28	0.45	0	1
中介变量	土地配置效应	农村土地流转面积（lnlan）	450	15.49	1.35	11.53	18.05
	劳动配置效应	农村劳动力流动（lab）	450	0.41	0.20	0.22	0.88
	资本配置效应	农林水事务财政支出（$lncap_1$）	450	5.71	0.90	2.42	7.20
		数字普惠金融指数（cap_2）	300	5.22	0.67	2.91	6.07
	技术配置效应	人均农业机械总动力（tec）	450	1.54	0.81	0.33	6.19
控制变量	实际 GDP（lnGDP）		450	9.35	0.96	6.47	11.33
	降水量（lnRain）		450	6.67	0.66	4.59	7.83
	乡村水电站个数（lnHyd）		450	5.70	2.41	1.01	9.19
	农村宽带接入用户（lnBro）		450	13.59	1.70	8.01	16.47
	乡村道路长度（lnRoa）		450	7.10	1.47	3.11	9.52
	乡村小学当年新增校舍建筑面积（lnSch）		450	12.15	1.47	4.17	14.95
	少儿抚养比（lnChi）		450	26.65	8.07	6.26	44.72
	老年抚养比（lnOld）		450	16.33	5.90	7.05	44.56
	文盲人口占 15 岁以上人口比例（lnAca）		450	8.67	4.59	2.11	28.08

第三节 实证回归结果分析

一、基本回归结果

实证回归结果主要包括两个部分：一是对方程（7-1）进行回归，主要验证农村土地产权是否对乡村振兴产生直接影响。二是对方程（7-2）和方程（7-3）进行回归得到的结果，主要按照温忠麟、叶宝娟（2014）关于中介效应的5步法讨论农村土地产权通过农业生产方式对乡村振兴的间接影响。

运用双重差分方法（DID）对方程（7-1）进行回归的前提是要满足平行趋势检验。为了消除多重共线性的影响平行趋势检验过程剔除了2006年的数据，图7-1给出了2007~2020年间平行趋势检验的基本结果。通过图7-1不难发现，政策实施前后农村土地产权系数从不显著向显著的转变，而且影响程度呈现出逐年上升的趋势，很好满足了平行趋势检验[1]。在满足平行趋势检验的前提下，表7-2第（1）列汇报了采用DID方法对农村土地产权影响乡村振兴的全样本的基本回归结果。在全样本回归分析中，农村土地产权"三权分置"以及农村土地承包经营权确权对乡村振兴（指数）的影响系数为0.016，且在5%显著性水平上通过检验，这在一定程度上说明农村土地产权对乡村振兴发展具有积极的直接影响[2]。

---

[1] 如前所述，由于农村土地承包经营权确权已在全国范围内普遍展开，本书并无严格意义上的对照组。因此，本书在进行平行趋势检验以及多期DID回归时均按照无对照组多期DID命令运行。

[2] 关于农村土地产权对乡村振兴的直接影响将在稳健性检验部分开展进一步的验证。

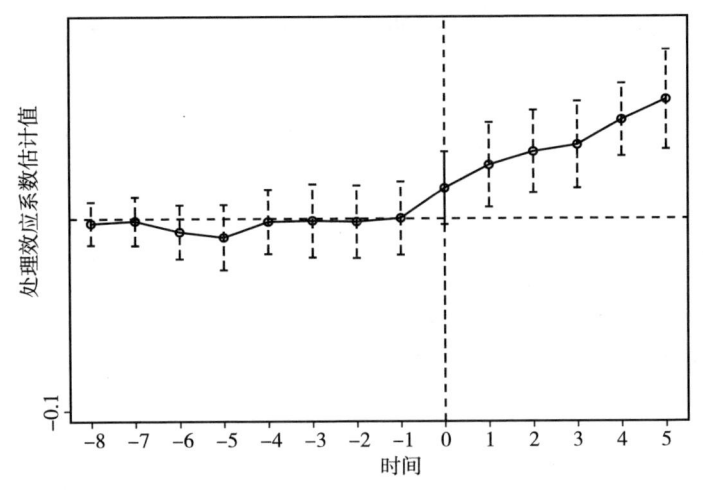

第七章 农村土地产权、农业生产方式与乡村振兴之间关系的实证研究 161

图 7-1 平行趋势检验

表 7-2 多期 DID 与土地要素配置中介效应基本回归结果

变量	RRD (1)	lnlan (2)	RRD (3)
DID	0.016** (2.11)	0.107* (1.86)	0.015** (2.04)
lnlan	—	—	0.006 (0.84)
Bootstrap 检验	拒绝原假设 $H_0 = \beta_1 \delta = 0$		
中介效应类型	部分中介效应		
中介效应占总效应比例	0.040		
常数	-0.060 (-0.93)	15.585 (1.36)	-0.693 (-0.99)
控制变量	控制	控制	控制
年份	控制	控制	控制
省份	控制	控制	控制
样本量	450	450	450
R^2	0.519	0.878	0.522

注：①*、**分别表示10%、5%的显著性水平；②括号内为 t 值；③Bootstrap 中介效应重复抽样 1000 次。

表 7-2 中第（1）列 DID 的系数在 5% 的显著性水平上通过检验，根据中介效应的检验步骤，开展中介效应检验的第二步对方程（7-2）和方程（7-3）进行回归，方程（7-2）中 lnlan 的系数显著，但是方程（7-3）的 lnlan 的系数不显著，则需要进行第三步 Bootstrap 检验，95% 的置信区间不包括 0，拒绝原假设 $H_0 = \beta_1\delta = 0$，则意味着存在着中介效应。表 7-2 中第（3）列中 DID 的系数显著，而且 $\beta_1\delta$ 与 β_2 的符号相同，从而判断土地配置属于部分中介效应，中介效应占总效应的比例为 $\beta_1\delta/\beta_0 = 0.040$。综上所述，土地要素配置对乡村振兴具有部分中介效应，中介效应量为 4%。lnlan 的系数为正，这也说明农村土地流转能够有效提高土地配置效率，进而对乡村振兴产生积极的正向影响。

表 7-3 为劳动要素配置中介效应基本回归结果。表 7-3 中第（1）列 DID 的系数在 5% 的显著性水平上通过检验，对方程（7-2）和方程（7-3）进行回归发现，两个方程中 lab 的系数都不显著，可开展第三步 Bootstrap 检验，95% 的置信区间不包括 0，拒绝原假设 $H_0 = \beta_1\delta = 0$，则意味着存在着中介效应。第（3）列 DID 的系数显著，而且 $\beta_1\delta$ 与 β_2 的符号相同，这也意味着劳动要素配置属于部分中介效应，而且中介效应占总效应的比例为 $\beta_1\delta/\beta_0 = 0.005$，中介效应量为 0.5%。此外，lab 的系数为正，这也说明农业劳动力的非农转移有利于推动乡村振兴发展。

表 7-3　　　　　　劳动要素配置中介效应基本回归结果

变量	RRD (1)	lab (2)	RRD (3)
DID	0.016** (2.11)	0.006 (0.32)	0.015* (2.10)
lab	—	—	0.014 (0.56)
Bootstrap 检验	拒绝原假设 $H_0 = \beta_1\delta = 0$		
中介效应类型	部分中介效应		

第七章 农村土地产权、农业生产方式与乡村振兴之间关系的实证研究 163

续表

变量	RRD (1)	lab (2)	RRD (3)
中介效应占总效应比例		0.005	
常数	-0.060 (-0.93)	1.417 (1.45)	-0.620 (-0.97)
控制变量	控制	控制	控制
年份	控制	控制	控制
省份	控制	控制	控制
样本量	450	450	450
R^2	0.519	0.527	0.520

注：①*、**分别表示10%、5%的显著性水平；②括号内为t值；③Bootstrap 中介效应重复抽样1000次。

表7-4为资本要素配置中介效应基本回归结果，资本要素配置的中介效应采取第（2）列 $lncap_1$（农林水事务财政支出）和第（4）列中 cap_2（数字普惠金融指数）2个指标来衡量。与表7-2和表7-3的分析类似，从第（2）列和第（3）列能够判断出 $lncap_1$ 具有部分中介效应，从第（4）列和第（5）列能够得到 cap_2 具有部分中介效应的结论。因此，从农林水事务财政支出和数字普惠金融指数2个指标来看，资本要素配置对乡村振兴也同样具有积极的促进作用。

表7-4　　　　资本要素配置中介效应基本回归结果

变量	RRD (1)	$lncap_1$ (2)	RRD (3)	cap_2 (4)	RRD (5)
DID	0.016** (2.11)	0.038 (1.27)	0.015** (2.06)	0.015 (0.73)	0.009* (1.53)
$lncap_1$	—	—	0.013 (0.94)	—	0.008 (0.67)

续表

变量	RRD （1）	lncap$_1$ （2）	RRD （3）	cap$_2$ （4）	RRD （5）
Bootstrap 检验	—	拒绝原假设 H$_0$ = β$_1$δ = 0		拒绝原假设 H$_0$ = β$_1$δ = 0	
中介效应类型	—	部分中介效应		部分中介效应	
中介效应占总效应比例	—	0.031		0.008	
常数	−0.060 （−0.93）	−4.273 （1.42）	−0.655 （−0.96）	−10.93 （−2.63）	0.567 （0.57）
控制变量	控制	控制	控制	控制	控制
年份	控制	控制	控制	控制	控制
省份	控制	控制	控制	控制	控制
样本量	450	450	450	300	300
R^2	0.519	0.730	0.521	0.566	0.587

注：①*、** 分别表示 10%、5% 的显著性水平；②括号内为 t 值；③Bootstrap 中介效应重复抽样 1000 次。

表 7-5 为技术要素配置中介效应基本回归结果，同样采取中介效应检验的 5 步法可知，技术要素配置具有部分中介效应，这说明农业机械化水平越高，对乡村振兴的正向影响越大。

表 7-5　　　技术要素配置中介效应基本回归结果

变量	RRD （1）	tec （2）	RRD （3）
DID	0.016** （2.11）	0.056 （0.74）	0.015** （0.49）
tec	—	—	0.004 （0.49）
Bootstrap 检验	拒绝原假设 H$_0$ = β$_1$δ = 0		
中介效应类型	部分中介效应		
中介效应占总效应比例	0.014		

续表

变量	RRD (1)	tec (2)	RRD (3)
常数	-0.060 (-0.93)	-14.80 (-2.01)	-0.543 (-0.92)
控制变量	控制	控制	控制
年份	控制	控制	控制
省份	控制	控制	控制
样本量	450	450	450
R^2	0.519	0.668	0.520

注：① ** 表示5%的显著性水平；②括号内为 t 值；③Bootstrap 中介效应重复抽样1000次。

二、稳健性检验

为了进一步验证农村土地产权、农业生产方式与乡村振兴之间的关系，主要采取了以下几种方式验证农村土地产权对乡村振兴直接影响和农村土地产权通过农业生产方式对乡村振兴间接影响结论的稳健性。

（一）安慰剂检验

双重差分回归安慰剂检验的核心思想是通过构建虚拟政策时间或者虚拟实验组来重新进行回归分析，并通过观察新的政策虚拟变量系数的显著性。当系数显著时，说明原来的估计结果可能是不可信的，被解释变量可能受到政策之外因素的影响。当系数不显著时，则说明原来的估计结果是可信的。本书属于多期无对照组的 DID 模式，因此本书主要是使用虚拟政策时间，并对总样本进行随机抽样1000次，图7-2给出了安慰剂检验的基本结果。其中，图7-2（a）是安慰剂检验结果系数估计值的 t 统计量分布，图中虚线是表7-2中全样本回归时估计真实数据时的 t 值，通过计算可以发现安慰剂检验结果系数估计的 t 统计量大于真实数据回归的 t 统计值的概率大概为3.58%，这种小概率事件也在一定程度上验证了本书回归结果的稳健性（李晨曦、杨欣桐，2022）。图7-2（b）表现了安慰剂检验系数的估计值，虚线同样为真实数据回

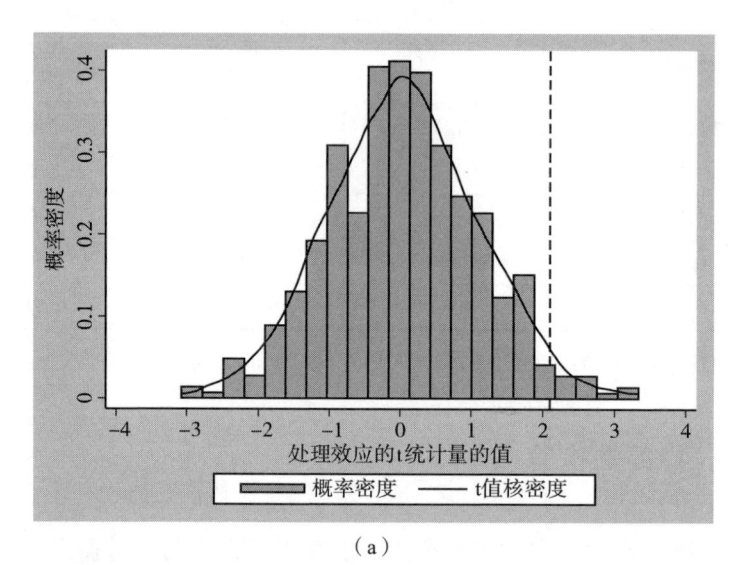

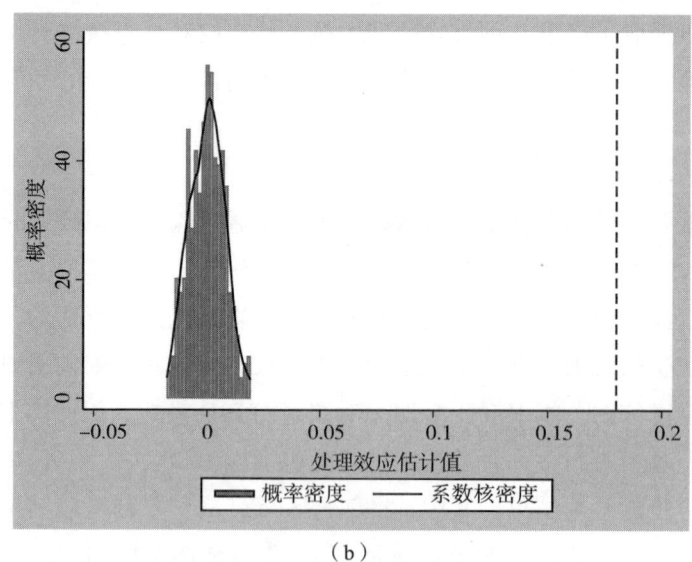

(a)

(b)

图7-2 安慰剂检验结果

归时系数的估计值。一方面，安慰剂检验系数的估计值主要集中在0附近；另一方面，安慰剂检验系数的估计值距离真实数据回归时回归系数的估计值距离较远，这也在一定程度上验证了本书结论的稳健性。综合图7-2中的两个安慰剂检验图形，更好地验证了本书结论是可信的。

（二）分位数回归

为了进一步考察乡村振兴不同分位点上受到农村土地产权政策的影响程度，对10%~90%分位数点都进行了回归，限于篇幅原因，回归结果只报告了30%、50%和60%~90%的回归结果，详见表7-6。从回归结果可以看出，在10%~50%的分位点上，农村土地产权政策对乡村振兴影响并不显著。在60%~90%的分位点上，农村土地产权政策对乡村振兴的影响显著为正。在60%~80%的分位点上，农村土地产权政策对乡村振兴的回归系数呈现出逐渐变大的趋势，但在90%分位点上这种影响又呈现出下降趋势。这也说明了农村土地产权政策对乡村振兴产生了显著正向影响，但这种影响对处于不同分位点上的地区有所差异。

表7-6　　　　稳健性检验基本回归结果－分位数回归

变量	分位数回归					
	30%	50%	60%	70%	80%	90%
DID	0.003 (0.43)	0.010 (1.27)	0.014* (1.86)	0.020** (2.44)	0.029*** (3.61)	0.016* (1.70)
常数	0.137 (2.33)	0.296 (4.90)	0.310*** (6.35)	0.324*** (5.68)	0.349*** (5.58)	0.302*** (4.12)
控制变量	控制	控制	控制	控制	控制	控制
年份	控制	控制	控制	控制	控制	控制
省份	控制	控制	控制	控制	控制	控制
样本量	450	450	450	450	450	450

注：①*、**、***分别表示10%、5%、1%的显著性水平；②括号内为t值。

（三）区域异质性分析

我们按照地形起伏度在 0~1 之间和大于 1 将样本分为两大类，其中起伏度在 0~1 之间的省份包括上海、江苏、天津、山东、安徽、河南、辽宁、黑龙江、海南、广东、江西、吉林、湖南、广西、浙江、河北、北京、湖北和福建 19 个省份，起伏度大于 1 的省份包括内蒙古、山西、重庆、贵州、陕西、宁夏、新疆、甘肃、云南、四川和青海 11 个省份。通过表 7-7 可知，对于起伏度在 0~1 之间的分样本而言，农村土地产权"三权分置"以及农村土地承包经营权确权对乡村振兴的影响系数为 0.020，且在 10% 显著性水平上通过检验。但在起伏度大于 1 的分样本中，这一系数并不显著。可能的原因在于地形起伏度越大的地区，这个地区整体的地形中丘陵、山地的面积占比可能越高，进而农村土地产权的制度改革对乡村振兴的影响就越小。相反，地形起伏度越小的地区，这一地区整体的地形可能更偏向于平原，因此农村土地产权制度改革的政策效果更大，进而对乡村振兴产出显著影响。

表 7-7　　　　　稳健性检验基本回归结果 - 区域异质性

变量	地形起伏度（0 < RDLS ≤ 1）	地形起伏度（RDLS > 1）
DID	0.020* (1.88)	0.009 (1.05)
常数	-0.857 (-1.12)	-0.411 (-0.74)
样本量	285	165
R^2	0.518	0.624

注：① *、**、*** 分别表示 10%、5%、1% 的显著性水平；②括号内为 t 值。

（四）替代变量方法

本章的乡村振兴指数主要是在第六章通过选取 28 个指标并运用纵

第七章 农村土地产权、农业生产方式与乡村振兴之间关系的实证研究

横向拉开档次分析获得的，根据数据的可获得性等原因，我们将部分指标进行了替换，包括地膜覆盖面积比例替代塑料薄膜使用强度、绿地率替换绿化覆盖率、农村居民最低生活保障人数占比替代农村最低生活保障人数等，回归结果见表7-8第（1）列，系数符号和显著性与基准结果基本一致。此外，表7-8第（2）~第（6）列对中介效应进行回归，除了土地配置效应无须Bootstrap检验外，劳动配置效应、资本配置效应和技术配置效应都需要进行Bootstrap检验，都拒绝原假设，证明存在中介效应。以上的回归结果在一定程度上验证了本书结论的稳健性。

表7-8　　　　　稳健性检验基本回归结果 - 替代变量①

变量	多期 DID	中介效应				
	RRD	lnlan	lab	$lncap_1$	cap_2	tec
	(1)	(2)	(3)	(4)	(5)	(6)
DID	0.016* (2.00)	—	—	—	—	—
Bootstrap 检验	—	无须 Bootstrap 检验	拒绝原假设 $H_0 = \beta_1\delta = 0$	拒绝原假设 $H_0 = \beta_1\delta = 0$	拒绝原假设 $H_0 = \beta_1\delta = 0$	拒绝原假设 $H_0 = \beta_1\delta = 0$
中介效应类型	—	部分 中介效应	部分 中介效应	部分 中介效应	部分 中介效应	部分 中介效应
中介效应占 总效应比例	—	0.117	0.075	0.012	0.014	0.074
控制变量	控制	控制	控制	控制	控制	控制
年份	控制	控制	控制	控制	控制	控制
省份	控制	控制	控制	控制	控制	控制
样本量	450	450	450	450	300	450

注：①*表示10%的显著性水平；②括号内为t值。

---

① 使用替代变量对中介效应进行稳健性检验步骤与表7-2~表7-5一致，因此本表只汇报了中介效应的最终结果。

（五）滞后变量

借鉴张国建、佟孟华、李慧、陈飞（2019）的做法，考虑到所选变量与农村土地承包经营权确权试点之间可能会产生反向关系，为了降低这种影响所带来的内生性问题，将方程（7-1）中所有控制变量滞后一期重新进行回归，结果见表7-9第（1）列，系数符号和显著性与基准结果基本一致。同样，采用滞后的控制变量进行中介效应的稳健性检验，从表7-9中第（2）~第（6）列的结果可知，所有中介变量都需要Bootstrap检验并拒绝原假设，95%的置信区间不包括0，这也进一步说明中介效应的稳健性。

表7-9　　　　　　稳健性检验基本回归结果-滞后变量

变量	多期DID	中介效应				
	RRD	lnlan	lab	$lncap_1$	cap_2	tec
	（1）	（2）	（3）	（4）	（5）	（6）
DID	0.016* (2.06)	—	—	—	—	—
Bootstrap检验	—	拒绝原假设 $H_0 = \beta_1\delta = 0$	拒绝原假设 $H_0 = \beta_1\delta = 0$	拒绝原假设 $H_0 = \beta_1\delta = 0$	拒绝原假设 $H_0 = \beta_1\delta = 0$	拒绝原假设 $H_0 = \beta_1\delta = 0$
中介效应类型	—	部分中介效应	部分中介效应	部分中介效应	部分中介效应	部分中介效应
中介效应占总效应比例	—	0.076	0.013	0.017	0.048	0.018
控制变量	控制	控制	控制	控制	控制	控制
年份	控制	控制	控制	控制	控制	控制
省份	控制	控制	控制	控制	控制	控制
样本量	420	420	420	420	420	420

注：①*表示10%的显著性水平；②括号内为t值。

第四节 本章小结

本章主要对第三章所提到的农村土地产权对乡村振兴的直接影响和通过农业生产方式对乡村振兴的间接影响进行实证分析。具体来说，本章以2006~2020年间全国30个省份为研究样本，以第六章对乡村振兴发展水平的测度为基础，发现以下几点结论：（1）运用多期DID模型验证了农村土地产权对乡村振兴具有直接影响；（2）参照温忠麟、叶宝娟（2014）的做法，运用中介效应模型验证了农村土地产权通过农业生产方式对乡村振兴产生间接影响；（3）运用安慰剂检验、分位数回归、区域异质性分析、替代变量和滞后变量等方式验证了以上两点结论的稳健性。

第八章

基本结论与政策建议

第一节 基本结论

随着城镇化水平的不断提高，农村空心化、农业边缘化与农民老龄化问题不断凸显，在城市繁荣的同时乡村呈现出衰落现象，这是乡村振兴战略提出的现实背景。自党的十九大报告首次提出乡村振兴战略以来，已有学者从乡村振兴的基本内涵与指标体系构建，以及农村土地产权、农业生产方式与乡村振兴之间的关系展开全面、细致、深入的研究，为本研究提供了有益指导。本书在已有文献的基础上，将农村土地产权、农业生产方式与乡村振兴放在统一的分析框架内，构建农村土地产权、农业生产方式与乡村振兴的政治经济学分析框架，讨论农村土地产权对乡村振兴的直接影响和农村土地产权通过农业生产方式对乡村振兴的间接影响，并以此为基础历史性地考察了农村土地"两权分离"产权制度安排下农业生产方式的变革以及乡村的发展情况，然后重点讨论了当前农村土地"三权分置"改革农业生产方式的演进方向，以及这种农业生产方式对乡村振兴的影响机理以及所面临的实践困境，再运用经验数据分别通过多期 DID 模型和中介效应模型验证农村土地产权对乡村振兴的直接影响和农村土地产权通过农业生产方式对乡村振兴的间接影响，最后再针对当前农业生产方式影响乡村振兴发展现实困境提出有针对性的对策建议。基于以上分析，本书总结出以下几个基本结论。

第一，以农村土地产权、农业生产方式与乡村振兴的理论分析框架为基础，对农村土地"两权分离"产权制度安排下农业生产方式的变革以及乡村发展情况进行分析得出以下结论。(1) 在农村土地"两权分离"产权制度安排下，通过土地配置效应、劳动配置效应、资本配置效应和技术配置效应，农业生产方式经历了三个阶段：①第一个阶段 (1978~1991年) 的农业生产方式表现为农业劳动力"离土不离乡"背景下农村土地的小农户家庭自主经营，财政支农支出与金融机构在推动农业发展过程中起着积极作用，农业机械化水平也呈现出不断上升的趋势。②第二个阶段 (1992~2000年) 的农业生产方式表现为农业劳动力"离土又离乡"与农村土地小规模流转背景下的小农户家庭自主经营，农业资本投入来源更加多元化，农业机械化水平进一步提高，农业科技投入也逐渐增加。③第三个阶段 (2001~2013年) 农业生产方式表现为农业劳动力"彻底性流出"与农村土地大规模流转背景下的小农户家庭自主经营与新型农业经营主体的土地规模经营并存，这一过程中农业资本投入和农业技术水平也发生了重要变化。(2) 在不同的农业生产方式阶段，农业生产效率的提高、生产生活方式的转变、精神生活需求的提升、农村人力资本水平的集聚以及农民收入渠道也都存在诸多差异，进而对乡村发展水平产生不同影响。

第二，运用农村土地产权、农业生产方式与乡村振兴的理论分析框架讨论农村土地"三权分置"产权制度安排下农业生产方式的基本形式，这种农业生产方式下乡村发展现状以及所面临的现实困境，得到以下几点结论。(1) 在农村土地"三权分置"产权制度安排下，农业生产方式表现为土地规模经营与服务规模经营的协调发展，这种协调发展呈现出四种形态：第Ⅰ种形态是"土地规模经营水平低、服务规模经营水平低"，第Ⅱ种形态是"土地规模经营水平高、服务规模经营水平低"，第Ⅲ种形态是"土地规模经营水平低、服务规模经营水平高"，第Ⅳ种形态是"土地规模经营水平高、服务规模经营水平高"。第Ⅰ、第Ⅱ、第Ⅲ种形态的土地规模经营与服务规模经营组合都处于协调性的低水平阶段，第Ⅳ种形态处于协调性的高水平阶段，如何从第Ⅰ、第Ⅱ、第Ⅲ种形态转向第Ⅳ种形态是土地规模经营与服务规模经营协调发展的最终目标。（2）土地规模经营与服务规模经营协调发展进一步提升了产业兴旺、生态宜居、乡风文明、治理有效与生活富裕水平。（3）土地规模经营与服务规模经营协调发展过程中面临着以下困境：①土地要素配置困境，包括土地规模经营的"分散式规模"、土地经营流转意愿不高以及土地经营权入股形式等问题。②劳动要素配置困境，包括农业劳动者兼业化、老龄化和女性化特征明显、外出能人返乡创业不利因素多以及各类城市人才下乡意愿不强问题。③资本要素配置困境，包括财政资金投入缺乏针对性和普惠性、金融机构惠农支持力度不足以及社会资本下乡面临投资难与风险大问题。④技术要素配置困境，包括大规模农业机械化耕作存在供需矛盾、农业科技投入不足与转化率低以及绿色农业发展方式转型难问题。因此，应做好推动农业生产方式变革的顶层设计、有序推动农村土地流转、畅通城乡人口流动渠道、多元化农业资金来源与多举措推动农业技术应用措施，解决不同农业生产要素配置困境，推动农业生产方式变革提升乡村振兴发展水平。

第三，基于乡村振兴产业兴旺、生态宜居、乡风文明、治理有效与生活富裕总要求构建了包含5个一级指标、13个二级指标和28个三级指标的评价体系，运用纵横向拉开档次法通过Matlab软件对全国30个省份的乡村振兴发展水平进行测度发现，2006~2020年乡村振兴水平整体呈现出不断上升的趋势。其中，2006~2013年呈现出整体小幅上升，2014~2020年乡村振兴水平则呈现出大幅增长趋势，这与农村土地产权制度安排有密切关系。此外，不同区域和省份的乡村振兴发展水平呈现出一定差异性。

第四，运用多期DID方法进行实证研究发现，农村土地产权能够显著提高乡村振兴水平，并使用虚拟政策时间进行安慰剂检验验证了结论的稳健性。此外，从乡村振兴不同分位点上受到农村土地产权政策影响程度来看，在10%~50%的分位点上，农村土地产权政策对乡村振兴影响并不显著。在 60% ~ 90% 的分位点上，农村土地产权政策对乡村振兴的影响显著为正。在 60% ~ 80% 的分位点，农村土地产权政策对乡村振兴的回归系数呈现出逐渐变大的趋势，但在 90% 分位点上这种影响又呈现出下降趋势。总体来看，农村土地产权政策对乡村振兴的正向影响在处于不同分位点上的地区有所差异。从地形起伏度角度来看，对于地形起伏度在 0 ~ 1 的地区而言，农村土地产权能够显著提高乡村振兴水平，而对于地形起伏度大于 1 的地区而言，农村土地产权对乡村振兴的直接影响并不显著。

第五，运用中介效应模型证实了农村土地产权能够通过农业生产方式间接促进乡村振兴水平的提高，采取替代变量的方法验证了结论的稳健性。考虑到所选变量与农村土地承包经营权确权试点之间可能会产生反向关系，为了降低这种影响所带来的内生性问题，所有控制变量滞后一期重新进行回归，再次验证了农村土地产权通过农业生产方式间接影响乡村振兴发展水平。

第二节 政策建议

农业生产方式是农村土地产权影响乡村振兴的重要途径。在当前农村土地"三权分置"产权制度安排下，土地规模经营与服务规模经营协调发展是基本的农业生产方式，提出土地配置、劳动配置、资本配置和技术配置效应在二者协调发展过程中所面临困境的解决方案具有重要的现实指导意义。

一、做好推动农业生产方式变革的顶层设计

早在 1986 年的中央一号文件中就明确指出，"随着农民向非农产业转移，鼓励耕地向种田能手集中，发展适度规模的种植专业户"。自此之后，政府的相关政策文件更多强调通过土地流转推动农业的适度规模

经营，进而实现我国的农业现代化目标。实践中的土地规模经营政策有力促进了我国的农业发展，但土地规模经营发展过程中所面临的诸多困境也引起了政策制定者对服务规模经营的广泛关注。土地规模经营和服务规模经营"相得益彰"的共赢关系被认为是实现我国农业现代化的基本途径（钟真、胡珺祎、曹世祥，2020）。因此，如何从政策层面不断推进土地规模经营和服务规模经营的协调发展将是下一步工作的重点（姜长云，2021）。促进二者协调发展的政府政策应注重以下几点：（1）从我国农村发展实际出发，尊重农业农村发展的客观规律。在农村土地"三权分置"产权制度安排下，农村人口持续向城市转移将是未来的发展趋势，这将为土地规模经营与服务规模经营的协调发展提供现实基础，但也要充分考虑到小农户的长期存在将是我国未来相当长一段时间内农业农村发展的基本事实，在大历史观视角下看待农业发展，这是制定相关政策的基本遵循。（2）注重政府引导与市场自发相结合。土地规模经营与服务规模经营的协调发展需要政府扶持政策合理引导，但同时也应注重农村土地、资金、技术等各类要素的市场化配置。（3）注重政策的普适性与特殊性。一方面，基于我国农村发展的一般规律判断，相关政策的制定应具有普适性；另一方面，不同地区经济发展水平、农村农业发展现状、人均土地面积、自然资源禀赋、农业从业人员年龄构成、农村人口城市转移趋势等方面都存在诸多差异性，这也要求政策制定有一定特殊性。（4）注重政策的短期目标与长期规划。一方面，政策的制定应该考虑当前的农业农村发展现状，注重土地规模经营与服务规模经营协调发展目标的短期性；另一方面，在遵循农业发展规律的基础上，着眼于我国农业农村的未来发展趋势，注重政策制定的长期性。

二、有序推动农村土地流转以提高土地配置效应

（1）针对土地经营权流入小农户土地经营"分散式规模"的现实，可分两种情况讨论。一种情况是当服务规模经营组织发展不完善时，提

供农机服务的可能来自服务规模经营组织或者个体小农户的小型农机器具，对土地作业面积的要求并不高。另一种情况是当服务规模经营组织发展较为成熟时，小农户的土地经营规模可能会进一步扩大，或者邻近地块可能会采取农业生产的半托管或者全托管，进而降低"分散式规模"特征的影响。

（2）对小农户土地经营权流转意愿不高问题，可考虑不同地区人均土地面积的差异性情况。在人均土地面积较小的地区，土地经营权流转收益对小农户影响相对较小，所以这种情况可通过村集体经济组织（或者村委会）统一管理土地经营权的流转，保障土地经营权流出小农户的预期收益，然后再将流转后的土地流转给其他小农户或者统一进行生产经营。2017年4月，作为全国率先提出并开始施行"党支部领办合作社"的"烟台经验"就是典型的案例，随后在很多地方陆续建立党支部领办的合作社，这为小农户土地经营流转意愿不高提供了现实经验借鉴（江宇，2020）。在人均土地面积规模较大的地区，土地经营权流入的小农户可采取土地经营权入股方式来保障他们的长期收益，或者引入社会资本以提高土地经营权流转价格等途径。

（3）针对小农户的土地经营权入股形式问题，可根据国家法律法规因地制宜制定相关标准。2018年12月24日，农业农村部、发改委等六部门联合发布的《关于开展土地经营权入股发展农业产业化经营试点的指导意见》中明确提出要创新土地经营权入股的形式，综合考虑土地数量质量、入股期限长短等因素来建立合理的土地经营权作价机制。

三、畅通城乡人口流动渠道以提高劳动配置效应

（1）针对农业劳动者兼业化、老龄化和女性化问题，可通过农业技能培训等方式留住那些有意愿从事农业生产活动的青壮年劳动力。农村土地"三权分置"产权制度安排有利于农村土地的规模化经营，家庭农场（专业大户）与农民合作社是开展大规模土地经营的新型农业经营主体，它们的发展为培育新型职业农民提供了平台。《新型农业经

营主体发展指数调查（二期）报告》中指出，新型农业经营主体在培育和发展过程中吸引了大量农村青壮年劳动力。2018年7月10日，发改委、教育部等国家部委联合发布的《关于大力发展实体经济积极稳定和促进就业的指导意见》中明确指出要开展新型农业经营主体和新型职业农民的培育，可按照农业部编制的《"十三五"全国新型职业农民培育发展规划》开展新型职业农民培训，进一步通过培育新型农业经营主体的方式来促进新型职业农民的就业，进而留住那些有意愿留在农村从事农业生产的农民。

（2）针对外出能人返乡创业不利因素的问题，可通过激发返乡动机、加大创业资本以及政府支持等多种方式为外出能人提供返乡渠道。从返乡动机角度来看，应该通过以往创业成功案例进行宣传和引导更多的外出能人返乡创业。甘宇、李伟（2023）通过对898名返乡创业能人的调查数据进行研究发现，创业标榜能够有效吸引外出能人返乡并显著提高他们的创业绩效。针对外出能人返乡创业过程中所面临的创业资本不足以及后续发展融资难问题，一方面，应加大政府的支持力度。针对不同类型不同规模的新型农业经营主体给予不同的财政支持力度，注重财政政策的连续性，解决新型农业经营主体的融资不足和内生发展困境；另一方面，合理引入社会资本为新型农业经营主体的发展壮大提供资本支持。

（3）针对各类城市人才下乡意愿不强问题，可通过政策引导和提高农村基础设施建设等方面来解决。从政策引导角度来看，通过引进有意愿奉献的各类退休城市人才长期下乡支援农村发展，引导各类在职人员短期下乡"送科技"与"送管理"，为乡村发展提供人才支持。此外，新型农业经营主体的发展壮大也需要聘请更多的农业科技人才进行农村技术指导。从农村基础设施角度来看，不断完善农村基础设施建设与提高农村公共服务水平，有利于进一步吸引更多城市人才下乡工作生活。

四、拓宽农业资金来源途径以提高资本配置效应

（1）针对财政资金投入缺乏针对性和普惠性问题，应加大财政资金支持力度和广度，为各类乡村振兴发展主体提供资金来源。针对不同类型不同规模的新型农业经营主体给予不同的财政支持力度，注重财政政策的连续性，解决新型农业经营主体的融资不足和内生发展困境，并根据各地农村实际情况，合理制定新型农业经营主体购买农机器具的补贴政策，发挥财政政策补贴的积极作用。

（2）针对金融机构惠农支持力度不足问题，应通过完善农村金融机构体系、提供农民贷款抵押物以及让更多的农村资金服务农业发展等方面来解决。从完善农村金融机构体系方面来看，除了银行机构外，可以引入保险、证券等非银行类金融机构来支持农业发展，并进一步通过完善农村数字金融体系的顶层设计，加快农村数字基础设施建设，发挥普惠金融对农业生产发展的积极作用（星焱，2021）。从农民贷款抵押物方面来看，可积极推进和落实土地经营权抵押试点，注意土地经营权性质和担保形式的法律制度设计，做好土地经营权融资立法，突破土地经营权融资困境，不断丰富和创新土地经营权融资方式。从农村金融机构虹吸农村资金流向城市角度来看，应通过政策引导或者金融手段将农村金融机构的资金更多流向乡村建设。

（3）针对社会资本下乡面临投资难与风险大问题，主要通过政策支持角度来解决。从投资角度来看，根据第二轮土地承包期到期后再延长30年的政策，稳定农村土地流转契约有利于提高社会资本投资意愿。对于大型农业设备存放用地问题，可争取政策支持或者有效利用闲置宅基地等方式解决。社会资本的融资困境也需要政府政策的扶持与金融机构的资金支持。充分发挥劳动配置效应，通过引育结合的方式不断提高乡村人力资本水平，解决用工难问题。从风险角度来看，作为发包方的村委会不仅要规范小农户与社会资本之间的土地流转行为，更要监督作为土地流入方的社会资本在土地经营中的农业用途，以及制止其对农村

土地以及农业资源的损害行为。

五、强化农业技术应用以提高技术要素配置效应

（1）针对大规模农业机械化耕作供需矛盾困境，可通过多元化资金支持与农业机械研发角度来解决。从供给角度来看，在加大政府财政支持力度的基础上，要充分发挥金融机构、社会资本等其他主体在农业机械应用上的积极作用。根据不同区域地形地貌以及种植结构等差异，重点长期支持丘陵地区各类小型农机设备和高端智能设备，提高播种收农业机械化的研发水平，积极推进与各类农业社会化服务主体的衔接，大力提高各类农机装备的应用水平。从需求角度来看，根据地方经济发展现状，规范新型农业经营主体的农机服务定价，防止出现地域垄断行为。

（2）针对农业科技投入不足与转化率低问题，应加大农业科技投入力度并通过政策引导提高应用转化率。从加大农业科技投入力度角度来看，不仅要加大投入资金规模，还应针对短期关键"卡脖子"技术与长期核心技术发展提供差别化的资金支持。除了政府财政支持外，还应通过政策引导农业科技企业积极开展农业基础和核心技术的研发。从转化率角度来看，在"破五唯"背景下，不断完善和优化农业科研院所和高校科研人员的评价体系，提高农业科技成果转化率在学术评价中的比重，并进一步加强科研院所、高校与企业之间的合作，针对市场需求展开深入研究，不断提高农业科技化水平。

（3）针对农业绿色发展转型难困境，新型农业经营主体是当前推进农业绿色转型发展的重要载体。一方面，新型农业经营主体通过采纳新技术、聘请专业农业科技人员等方式提高农产品绿色水平；另一方面，通过政策引导新型农业经营主体带动小农户开展农业生产绿色转型的积极性，充分发挥农业社会化服务类新型农业经营主体的绿色引领作用。

参 考 文 献

[1] 巴吾尔江，董彦斌，孙慧，张其. 基于主成分分析的区域科技创新能力评价 [J]. 科技进步与决策，2012 (12)：26-30.

[2] 蔡洁，夏显力. 农地确权真的可以促进农户农地流转吗？——基于关中-天水经济区调查数据的实证分析 [J]. 干旱区资源与环境，2017 (7)：28-32.

[3] 蔡荣，汪紫钰，钱龙，等. 加入合作社促进了家庭农场选择环境友好型生产方式吗？——以化肥、农药减量施用为例 [J]. 中国农村观察，2019 (1)：51-65.

[4] 蔡雪雄，苏小凤，许安心. 基于AHP-熵值法的乡村生态宜居评价研究——以福建省为例 [J]. 福建论坛（人文社会科学版），2019 (9)：86-94.

[5] 蔡颖萍，杜志雄. 家庭农场生产行为的生态自觉性及其影响因素分析——基于全国家庭农场监测数据的实证检验 [J]. 中国农村经济，2016 (12)：33-45.

[6] 曹平，王桂军. 选择性产业政策、企业创新与创新生存时间——来自中国工业企业数据的经验证据 [J]. 产业经济研究，2018 (4)：26-39.

[7] 曹铁毅，周佳宁，邹伟. 土地托管与化肥减量化：作用机制与实证检验 [J]. 干旱区资源与环境，2022 (6)：34-40.

[8] 陈爱雪，刘艳. 层次分析法的我国精准扶贫实施绩效评价研究 [J]. 华侨大学学报，2017 (1)：116-129.

[9] 陈斌开，马宁宁，王丹利. 土地流转、农业生产率与农民收

入 [J]. 世界经济, 2020 (10): 97-120.

[10] 陈冬仿, 桂玉. 乡村振兴战略的政治经济学逻辑解析 [J]. 学习论坛, 2020 (12): 41-45.

[11] 陈飞, 翟伟娟. 农户行为视角下农地流转诱因及其福利效应研究 [J]. 经济研究, 2015 (10): 163-177.

[12] 陈吉平, 任大鹏. 合作社绿色生产何以可能——来自四川案例的过程追踪 [J]. 农业经济问题, 2023 (3): 100-110.

[13] 陈杰, 苏群. 土地流转、土地生产率与规模经营 [J]. 农业技术经济, 2017 (1): 28-36.

[14] 陈军亚. 农村基层组织"一肩挑"的制度优势与现实障碍 [J]. 人民论坛, 2019 (11): 99-101.

[15] 陈美球, 廖彩荣, 刘桃菊. 乡村振兴、集体经济组织与土地使用制度创新——基于江西黄溪村的实践分析 [J]. 南京农业大学学报 (社会科学版), 2018 (2): 27-34, 158.

[16] 陈美球, 廖彩荣, 刘桃菊. 乡村振兴与土地使用制度创新 [J]. 土地经济研究, 2019 (1): 30-40.

[17] 陈美球, 刘桃菊. 乡村振兴应充分发挥我国的土地制度优势 [J]. 土地经济研究, 2020 (2): 30-41.

[18] 陈涛, 吴思红. 村支书与村主任冲突实质: 村庄派系斗争——兼论支书主任"一肩挑"的意义 [J]. 中国农村观察, 2007 (6): 53-61, 81.

[19] 陈文超, 陈雯, 江立华. 农民工返乡创业的影响因素分析 [J]. 中国人口科学, 2014 (2): 96-105.

[20] 陈锡文. 推进社会主义新农村建设 [N]. 人民日报, 2005-11-04.

[21] 陈学云, 程长明. 乡村振兴战略的三产融合路径: 逻辑必然与实证判定 [J]. 农业经济问题, 2018 (11): 91-100.

[22] 陈亚军. 数字普惠金融促进乡村振兴发展的作用机制研究 [J]. 现代经济探讨, 2022 (6): 121-132.

[23] 陈义媛. 资本下乡的社会困境与化解策略——资本对村庄社会资源的动员 [J]. 中国农村经济, 2019 (8): 128-144.

[24] 陈有川, 李鹏, 马璇, 等. 基于乡镇地域单元的村庄人口空心化研究——以山东省六个乡镇为例 [J]. 现代城市研究, 2018 (3): 24-60.

[25] 陈玉鑫, 刘冰, 邓祥征, 张帆. 乡村振兴战略背景下农村产业发展脆弱性评估——基于农户调研数据的分析 [J]. 农业现代化研究, 2021 (6): 1-11.

[26] 程广帅, 谭宇. 返乡农民工创业决策影响因素研究 [J]. 中国人口·资源与环境, 2013 (1): 119-125.

[27] 程令国, 张晔, 刘志彪. 农地确权促进了中国农村土地的流转吗? [J]. 管理世界, 2016 (1): 88-98.

[28] 程同顺, 史猛. 推进村级组织负责人"一肩挑"的条件与挑战——基于P镇的实地调研 [J]. 南开学报 (哲学社会科学版), 2019 (4): 76-86.

[29] 程宜山. 生产力、生产方式、生产关系——纪念马克思逝世一百周年 [C]. 1883-1983纪念马克思逝世百周年陕西省哲学学会年会论文选集, 1983年3月14日.

[30] 邓雪, 李家铭, 曾浩健, 陈俊羊, 赵俊峰. 层次分析法权重计算方法分析及其应用研究 [J]. 数学的实践与认识, 2012 (7): 93-100.

[31] 丁志刚, 王杰. 中国乡村治理70年: 历史演进与逻辑理路 [J]. 中国农村观察, 2019 (4): 18-34.

[32] 杜龙. 农户兼业化及对我国农业转型的影响研究——基于面板数据的实证分析 [D]. 兰州: 兰州大学, 2020.

[33] 杜伟, 黄敏. 关于乡村振兴战略背景下农村土地制度改革的思考 [J]. 四川师范大学学报 (社会科学版), 2018 (1): 12-16.

[34] 杜秀娟. 马克思恩格斯生态观及其影响探究 [D]. 沈阳: 东北大学, 2008.

[35] 段庆林. 中国农村社会保障的制度变迁（1949—1999）[J]. 宁夏社会科学, 2001（1）: 22-30.

[36] 范乔希, 邵景安, 应寿英. 山区合适耕地经营规模确定的实证研究——以重庆市为例[J]. 地理研究, 2018（9）: 1724-1735.

[37] 费绍金, 陆海霞, 纪燕霞, 虞冰. 乡村振兴战略实施评价指标体系的构建——以江苏省为例[J]. 绥化学院学报, 2021（9）: 23-26.

[38] 冯娟. 工商资本参与乡村振兴的内涵与路径[J]. 西北农林科技大学学报（社会科学版）, 2021（5）: 1-9.

[39] 甘宇, 李伟. 见贤思齐: 返乡农民工创业绩效提升的一个解释[J/OL]. 农业技术经济, 2023（6）: 99-114.

[40] 高峰. 论"生产方式"[J]. 政治经济学评论, 2012（2）: 3-38.

[41] 高晶晶, 史清华. 中国农业生产方式的变迁探究——基于微观农户要素投入视角[J]. 管理世界, 2021（12）: 124-134.

[42] 高帆. 乡村振兴战略中的产业兴旺: 提出逻辑与政策选择[J]. 南京社会科学, 2019（2）: 9-18.

[43] 高林. 习近平关于乡村治理能力重要论述研究[D]. 重庆: 西南大学, 2021.

[44] 公茂刚, 张梅娇. 承包地"三权分置"与农业补贴对农业机械化的影响研究——基于PSM-DID方法的实证分析[J]. 统计研究, 2022（4）: 64-79.

[45] 龚继红, 何存毅, 曾凡益. 农民绿色生产行为的实现机制——基于农民绿色生产意识与行为差异的视角[J]. 华中农业大学学报（社会科学版）, 2019（1）: 68-76, 165-166.

[46] 郭冠清. 回到马克思: 对生产力—生产方式—生产关系原理再解读[J]. 当代经济研究, 2020（3）: 5-13.

[47] 郭冠清. 回到马克思: 政治经济学核心命题的重新解读（上）——以《马克思恩格斯全集》历史考证版第二版（MEGA2）为基础[J]. 经济学动态, 2015a（5）: 22-29.

[48] 郭冠清. 回到马克思: 政治经济学核心命题的重新解读 (下)——以《马克思恩格斯全集》历史考证版第二版 (MEGA2) 为基础 [J]. 经济学动态, 2015b (8): 28-39.

[49] 郭杰忠, 黎康. 关于社会主义新农村建设的理论研究综述 [J]. 江西社会科学, 2006 (6): 217-225.

[50] 郭君平, 曲颂, 夏英, 吕开宇. 农村土地流转的收入分配效应 [J]. 中国人口·资源与环境, 2018 (5): 160-169.

[51] 郭庆海. 土地适度规模经营尺度: 效率抑或收入 [J]. 农业经济问题, 2014 (7): 4-10.

[52] 郭翔宇, 胡月. 乡村振兴水平评价指标体系构建 [J]. 农业经济与管理, 2020 (5): 5-15.

[53] 郭秀兰. 深刻理解乡村治理的基本逻辑走好新时代赶考之路 [J]. 经济问题, 2021 (11): 10-16.

[54] 郭亚军. 一种新的动态综合评价方法 [J]. 管理科学学报, 2002 (2): 49-54.

[55] 郭岩, 陈文斌. 基于因子分析法的地方政府重视生态文明建设程度评价研究——以黑龙江省为例 [J]. 生态经济, 2021 (12): 218-223.

[56] 韩长赋. 关于实施乡村振兴战略的几个问题 [J]. 农村工作通讯, 2019 (18): 12-19.

[57] 韩家彬, 刘淑云. 土地确权对农村劳动力转移就业的影响——来自 CHARLS 的证据 [J]. 人口与经济, 2019 (5): 41-52.

[58] 郝耕, 孙维佳. 农业生产方式变革是乡村振兴的根本出路 [J]. 西安财经大学学报, 2020 (6): 66-74.

[59] 何东伟, 张广财. 土地确权与农地流转——基于财富效应视角的考察 [J]. 产业经济评论, 2019 (1): 91-107.

[60] 何海兵. 农村社区的政治参与——茶村村民政治参与意识和参与行为分析 [J]. 华东理工大学学报 (社会科学版), 2000 (3): 58-60.

[61] 何仁伟. 城乡融合与乡村振兴：理论探讨、机理阐释与实现路径 [J]. 地理研究, 2018 (11): 2127-2140.

[62] 何展雄, 吕蕾莉. 工商资本下乡：历史演进及文献梳理 [J]. 生产力研究, 2020 (11): 155-160.

[63] 何自力, 顾惠民. 土地制度改革、农业生产方式创新与农村集体经济发展 [J]. 上海经济研究, 2022 (1): 49-60.

[64] 衡霞, 张军. 我国农村土地流转政策的衍变历程与演进逻辑——基于历史制度主义的视角 [J]. 西华师范大学学报（哲学社会科学版）, 2022 (1): 48-56.

[65] 洪银兴, 王荣. 农地"三权分置"背景下的土地流转研究 [J]. 管理世界, 2019 (10): 113-119, 220.

[66] 侯明利. 资本深化与要素配置效率的关系研究 [J]. 经济纵横, 2020 (2): 121-128.

[67] 胡红霞, 包雯娟. 乡村振兴战略中的治理有效 [J]. 重庆社会科学, 2018 (10): 24-32.

[68] 胡怀国. 中国现代化进程中的土地制度：百年变革的理论逻辑 [J]. 当代经济研究, 2021 (6): 15-23.

[69] 胡凌啸. 中国农业规模经营的现实图谱："土地+服务"的二元规模化 [J]. 农业经济问题, 2018 (11): 20-28.

[70] 胡雯, 张锦华, 陈昭玖. 小农户与大生产：农地规模与农业资本化——以农机作业服务为例 [J]. 农业技术经济, 2019 (6): 82-96.

[71] 胡新艳, 王梦婷, 吴小立. 要素配置与农业规模经营发展：一个分工维度的考察 [J]. 贵州社会科学, 2018 (11): 149-154.

[72] 黄季焜, 冀县卿. 农地使用权确权与农户对农地的长期投资 [J]. 管理世界, 2012 (9): 76-81, 99, 187-188.

[73] 黄漫宇, 余祖鹏, 赵曜. 高铁开通对城市绿色创新的影响研究——基于多期双重差分法的实证检验 [J]. 工业技术经济, 2022 (6): 52-61.

[74] 黄炎忠, 罗小锋. 跨区作业如何影响农机服务获取 [J]. 华

中农业大学学报（社会科学版），2020（4）：89-97，178.

[75] 黄宇虹，樊纲治. 土地确权对农民非农就业的影响——基于农村土地制度与农村金融环境的分析 [J]. 农业技术经济，2020（5）：93-106.

[76] 黄志斌，任雪萍. 马克思恩格斯生态思想及当代价值 [J]. 马克思主义研究，2008（7）：49-53.

[77] 黄祖辉，胡伟斌. 全面推进乡村振兴的十大重点 [J]. 农业经济问题，2022（7）：15-24.

[78] 贾晋，李雪峰，申云. 乡村振兴战略的指标体系构建与实证分析 [J]. 财经科学，2018（11）：70-82.

[79] 江宁. "烟台经验"的普遍意义 [J]. 开放时代，2020（6）：13-26.

[80] 江艇. 因果推断经验研究中的中介效应与调节效应 [J]. 中国工业经济，2022（5）：100-120.

[81] 姜长云. 推进产业兴旺是实施乡村振兴战略的首要任务 [J]. 学术界，2018（7）：5-14.

[82] 姜长云. 用发展农业社会化服务解开加快农业农村现代化的密码 [J]. 中国发展观察，2021（16）：13-26.

[83] 蒋和平，杨东群，郭超然. 新冠肺炎疫情对我国农业发展的影响与应对举措 [J]. 改革，2020（3）：5-13.

[84] 蒋永穆. 基于社会主要矛盾变化的乡村振兴战略：内涵及路径 [J]. 社会科学辑刊，2018（2）：15-21.

[85] 金书秦，沈贵银，魏珣，韩允垒. 论农业面源污染的产生和应对 [J]. 农业经济问题，2013（11）：97-102.

[86] 孔祥智，卢洋啸. 建设生态宜居美丽乡村的五大模式及对策建议——来自5省20村调研的启示 [J]. 经济纵横，2019（1）：19-28.

[87] 孔祥智. 农民合作、土地托管与乡村振兴——山东省供销社综合改革再探索 [J]. 东岳论丛，2018（10）：18-24.

[88] 孔祥智. 生态宜居是实现乡村振兴的关键 [J]. 中国国情国

力，2018（11）：6-9.

[89] 孔祥智，周振. 新型农业经营主体发展必须突破体制机制障碍 [J]. 河北学刊，2020（6）：110-117.

[90] 雷超超. 中国农业劳动力转移的动因及机理研究 [D]. 广州：华南理工大学，2013.

[91] 雷若欣. 乡村振兴战略的"五大要求"与实施路径 [J]. 人民论坛·学术前沿，2018（5）：67-71.

[92] 李长学. 论乡村振兴战略的本质内涵、逻辑成因与推行路径 [J]. 内蒙古社会科学，2018（5）：13-18.

[93] 李晨曦，杨欣桐. 制度统一会降低居民福利吗？——养老保险并轨制度改革对居民消费的影响 [J]. 中央财经大学学报，2022（8）：93-118.

[94] 李谷成. 中国农业的绿色生产率革命：1978—2008年 [J]. 经济学（季刊），2014（2）：537-558.

[95] 李江一. 农地确权如何影响农地流转？——来自中国家庭金融调查的新证据 [J]. 中南财经政法大学学报，2020（2）：146-156.

[96] 李晶晶，刘文明，郭庆海. 农户兼业经营的生成条件、效应及其演化方向 [J]. 经济学家，2021（5）：120-128.

[97] 李刘艳，杨阳. 乡村振兴进程中农业劳动力转移对粮食生产的影响——基于30个省级面板数据的实证检验 [J]. 河南师范大学学报（哲学社会科学版），2022（2）：93-99.

[98] 李宁，周琦宇，汪险生. 新型农业经营主体的角色转变研究：以农机服务对农地经营规模的影响为切入点 [J]. 中国农村经济，2020（7）：40-58.

[99] 李琪，李凯. 农户绿色生产托管服务需求研究——基于山东省小麦种植户的调查 [J]. 干旱区资源与环境，2022（9）：54-62.

[100] 李彦娅，谢庆华. 农民工返乡创业的动力机制研究——基于三次返乡创业高潮的调 [J]. 重庆社会科学，2019（7）：99-110.

[101] 李艳菲，张双双. 百年乡村建设行动：回溯、机理与进路

[J]. 中共成都市委党校学报, 2021 (3): 24-29, 72.

[102] 李永萍. 土地抛荒的发生逻辑与破解之道 [J]. 经济学家, 2018 (10): 90-96.

[103] 李雨凌, 等. 中国粮食主产区耕地撂荒程度及其对粮食产量的影响 [J]. 自然资源学报, 2021 (6): 1439-1454.

[104] 李玉红, 王皓. 中国人口空心村与实心村空间分布——来自第三次农业普查行政村抽样的证据 [J]. 中国农村经济, 2020 (4): 124-144.

[105] 李周. 农民流动: 70年历史变迁与未来30年展望 [J]. 中国农村观察, 2019 (5): 2-16.

[106] 李周. 乡村振兴战略的主要含义、实施策略和预期变化 [J]. 求索, 2018 (2): 44-50.

[107] 梁栋, 吴惠芳. 农业女性化的动力机制及其对农村性别关系的影响研究——基于江苏、四川及山西三省的村庄实地调研 [J]. 妇女研究论丛, 2017 (6): 85-97.

[108] 梁志会, 张露, 张俊飚. 土地转入、地块规模与化肥减量——基于湖北省水稻主产区的实证分析 [J]. 中国农村观察, 2020 (5): 73-92.

[109] 廖彩荣, 陈美球. 乡村振兴战略的理论逻辑、科学内涵与实现路径 [J]. 农林经济管理学报, 2017 (6): 795-802.

[110] 廖宏斌. 农地产权制度变迁与农村劳动力流动: 一个纵向考察与分析 [J]. 四川大学学报 (哲学社会科学版), 2021 (4): 73-80.

[111] 林海明, 林敏子. 主成分分析法与因子分析法应用辨析——兼与《我国上市公司赢利能力与资本结构的实证分析》一文作者商榷 [J]. 数量经济技术经济研究, 2004 (9): 155-160.

[112] 刘爱梅. 农村空心化对乡村建设的制约与化解思路 [J]. 东岳论丛, 2021 (11): 92-100.

[113] 刘海洋. 乡村产业振兴路径: 优化升级与三产融合 [J]. 经济纵横, 2018 (11): 111-116.

[114] 刘合光. 乡村振兴战略的关键点、发展路径与风险规避 [J]. 新疆师范大学学报（哲学社会科学版），2018（3）：25-33.

[115] 刘欢，韩广富. 中国共产党推进乡风文明建设的百年历程、经验与展望 [J]. 中州学刊，2018（9）：71-76.

[116] 刘慧，伏开宝，李勇刚. 产业结构升级、劳动力流动与城乡收入差距——基于中国 30 个省级面板数据实证分析 [J]. 经济经纬，2017（5）：93-98.

[117] 刘瑾，李振，张仲，孟庆庄. 四川省乡村振兴评价指标体系构建及实证分析 [J]. 西部经济管理论坛，2021（6）：1-13.

[118] 刘守英，王瑞民. 农业工业化与服务规模化：理论与经验 [J]. 国际经济评论，2019（6）：9-23.

[119] 刘守英，熊雪锋. 我国乡村振兴战略的实施与制度供给 [J]. 政治经济学评论，2018（4）：80-96.

[120] 刘守英. 中国的农业转型与政策选择 [J]. 行政管理改革，2013（12）：27-31.

[121] 刘淑云，韩家彬. 土地确权与农民收入：机制与实证 [J]. 新疆农垦经济，2021（9）：1-12.

[122] 刘晓光，张勋，方文全. 基础设施的城乡收入分配效应：基于劳动力转移的视角 [J]. 世界经济，2015（3）：145-170.

[123] 刘玉侠，张剑宇. 回流农民工助推乡村振兴的有效路径研究——基于浙皖赣黔四省的调研 [J]. 江淮论坛，2021（5）：41-50.

[124] 刘子飞. 中国绿色农业发展历程、现状与预测 [J]. 改革与战略，2016（12）：94-102.

[125] 龙花楼，屠爽爽. 土地利用转型与乡村振兴 [J]. 中国土地科学，2018（7）：1-6.

[126] 卢泓钢，郑家喜，陈池波. 中国乡村生活富裕程度的时空演变及其影响因素 [J]. 统计与决策，2021（12）：62-65.

[127] 卢华，陈仪静，胡浩，耿献辉. 农业社会化服务能促进农户采用亲环境农业技术吗 [J]. 农业技术经济，2021（3）：36-49.

[128] 鲁保林,梁永坚."生产力、生产方式、生产关系"辩证关系的再思考[J].当代经济研究,2021(7):74-82.

[129] 鲁钊阳.新型农业经营主体发展的福利效应研究[J].数量经济技术经济研究,2016(6):41-58.

[130] 吕承超,崔悦.乡村振兴发展:指标评价体系、地区差距与空间极化[J].农业经济问题,2021(5):20-32.

[131] 罗明忠,刘恺,朱文珏.确权减少了农地抛荒吗——源自川、豫、晋三省农户问卷调查的PSM实证分析[J].农业技术经济,2017(2):15-27.

[132] 罗明忠,邱海兰,陈江华.农业社会化服务的现实约束、路径与生成逻辑——江西绿能公司例证[J].学术研究,2019(5):79-87.

[133] 罗玉辉.新中国成立70年农村土地制度改革的历史经验与未来思考[J].经济学家,2020(2):109-116.

[134] 马家驹,蔺子荣.生产方式和政治经济学的研究对象[J].中国社会科学,1981(6):105-116.

[135] 马克思恩格斯全集(第12卷)[M].北京:人民出版社,1962:761.

[136] 马克思恩格斯全集(第23卷)[M].北京:人民出版社,1972:552-553.

[137] 马克思恩格斯选集(第2卷)[M].北京:人民出版社,1995:112.

[138] 马克思,恩格斯.德意志意识形态(节选本)[M].中共中央马克思恩格斯列宁斯大林著作编译局,编译.北京:人民出版社,2018:16.

[139] 马克思.资本论(第二卷)[M].郭大力,王亚南,译.上海:上海三联书店,2011:10.

[140] 马克思.资本论(第一卷)[M].郭大力,王亚南,译.上海:上海三联书店,2011:111.

[141] 马克思著.1844年经济学哲学手稿[M].中共中央马克思

恩格斯列宁斯大林著作编译局,编译. 北京: 人民出版社, 2018: 78.

[142] 冒佩华, 徐骥, 贺小丹, 周亚虹. 农地经营权流转与农民劳动生产率提高: 理论与实证 [J]. 经济研究, 2015 (11): 161 - 176.

[143] 冒佩华, 徐骥. 农地制度、土地经营权流转与农民收入增长 [J]. 管理世界, 2015 (5): 63 - 74, 88.

[144] 闵继胜. 改革开放以来农村环境治理的变迁 [J]. 改革, 2016 (3): 84 - 93.

[145] 穆娜娜, 孔祥智, 卢洋啸. 新时代中国农业社会化服务模式创新研究——以江西绿能公司为例 [J]. 科学管理研究, 2020 (4): 98 - 105.

[146] 穆娜娜, 孔祥智, 钟真. 农业社会化服务模式创新与农民增收的长效机制——基于多个案例的实证分析 [J]. 江海学刊, 2016 (1): 65 - 71.

[147] 倪国华, 蔡昉. 农户究竟需要多大的农地经营规模?——农地经营规模决策图谱研究 [J]. 经济研究, 2015 (3): 160 - 171.

[148] 倪维秋. 以土地制度创新推动乡村振兴 [J]. 中国土地, 2018 (5): 37 - 38.

[149] 宁静, 殷浩栋, 汪三贵. 土地确权是否具有益贫性?——基于贫困地区调查数据的实证分析 [J]. 农业经济问题, 2018 (9): 118 - 127.

[150] 农业部农业机械试验鉴定总站、中国农业机械化科学研究院、中国农业大学、中国农业机械化协会. 《中国农业机械化大事记 (1949 - 2009)》[M]. 北京: 中国农业出版社, 2009.

[151] 彭开丽. "三权"分置背景下农户土地流转决策的形成机理与实证检验——基于湖北省672户农户的调研 [J]. 南京农业大学学报 (社会科学版), 2020 (2): 116 - 127.

[152] 彭晓旭, 张慧慧. 产社一体: 内生型乡村产业振兴路径及其效应——基于马村鞋垫产业的考察 [J]. 农村经济, 2022 (5): 107 - 115.

[153] 钱再见, 汪家焰. 人才下乡: 新乡贤助力乡村振兴的人才流入机制研究——基于江苏省 L 市 G 区的调研分析 [J]. 中国行政管理, 2019 (2): 92-97.

[154] 钱忠好, 牟燕. 乡村振兴与农村土地制度改革 [J]. 农业经济问题, 2020 (4): 28-36.

[155] 钱忠好, 王兴稳. 农地流转何以促进农户收入增加——基于苏、桂、鄂、黑四省 (区) 农户调查数据的实证分析 [J]. 中国农村经济, 2016 (10): 39-50.

[156] 邱海平. 马克思主义关于共同富裕的理论及其现实意义 [J]. 思想理论教育导刊, 2016 (7): 19-23.

[157] 仇童伟, 罗必良. 农业要素市场建设视野的规模经营路径 [J]. 改革, 2018a (3): 90-102.

[158] 仇童伟, 罗必良. 市场容量、交易密度与农业服务规模决定 [J]. 南方经济, 2018b (5): 32-47.

[159] 屈楠楠, 郭文强, 武赛龙. 新疆乡村振兴评价指标体系构建及实现度测定分析 [J]. 赤峰学院学报 (自然科学版), 2021 (6): 80-85.

[160] 阮荣平, 曹冰雪, 周佩, 郑风田. 新型农业经营主体辐射带动能力及影响因素分析——基于全国 2615 家新型农业经营主体的调查数据 [J]. 中国农村经济, 2017 (11): 17-32.

[161] 阮荣平, 周佩, 郑风田. "互联网 +" 背景下的新型农业经营主体信息化发展状况及对策建议——基于全国 1394 个新型农业经营主体调查数据 [J]. 管理世界, 2017 (7): 50-64.

[162] 申云, 陈慧, 陈晓娟, 胡婷婷. 乡村产业振兴评价指标体系构建与实证分析 [J]. 世界农业, 2020 (2): 59-69.

[163] 申云, 李京蓉. 我国农村居民生活富裕评价指标体系研究——基于全面建成小康社会的视角 [J]. 调研世界, 2020 (1): 42-50.

[164] 史常亮. 土地流转对农户资源配置及收入的影响研究 [D].

北京：中国农业大学，2018.

　　[165] 史常亮，张益. 土地确权与农村劳动力迁移——来自省级面板数据的证据［J］. 资源科学，2022（4）：647－659.

　　[166] 宋洪远，等. 改革以来中国农业和农村经济政策的演变［M］. 北京：中国经济出版社，2000：356－379.

　　[167] 宋洪远，石宝峰，吴比. 中国共产党一百年来的"三农"政策实践［J］. 中国农村经济，2021（7）：2－23.

　　[168] 孙乐强. 农民土地问题与中国道路选择的历史逻辑——透视中国共产党百年奋斗历程的一个重要维度［J］. 中国社会科学，2021（6）：49－76.

　　[169] 孙琳琳，杨浩，郑海涛. 土地确权对中国农户资本投资的影响——基于异质性农户模型的微观分析［J］. 经济研究，2020（11）：156－173.

　　[170] 孙小燕，刘雍. 土地托管能否带动农户绿色生产？［J］. 中国农村经济，2019（10）：60－80.

　　[171] 谭砚文，曾华盛. 农村土地承包经营权确权的创新模式——来自广东省清远市阳山县的探索［J］. 农村经济，2017（4）：32－36.

　　[172] 汤鹏主. 中国乡镇企业兴衰变迁（1978－2002）［M］. 北京：北京理工大学出版社，2013.

　　[173] 唐建军，龚教伟，宋清华. 数字普惠金融与农业全要素生产率——基于要素流动与技术扩散的视角［J］. 中国农村经济，2022（7）：81－102.

　　[174] 唐任伍. 新时代乡村振兴战略的实施路径及策略［J］. 人民论坛·学术前沿，2018（3）：26－33.

　　[175] 陶自祥. "三权分置"与农村土地流转制度创新——以 C 县"虚拟地块"制度创新为例［J］. 思想战线，2019（6）：129－135.

　　[176] 田鹤，郭巍. 中国共产党生态文明思想与实践百年历程研究［J］. 思想教育研究，2021（12）：60－65.

　　[177] 汪婷，费罗成. 工商资本下乡的演化历程及其影响效应

[J]. 湖北农业科学, 2022 (9): 181-186, 191.

[178] 王芳. 主成分分析与因子分析的异同比较及应用 [J]. 统计教育, 2003 (5): 14-17.

[179] 王海娟, 胡守庚. 土地制度改革与乡村振兴的关联机制研究 [J]. 思想战线, 2019 (2): 114-120.

[180] 王敬尧, 王承禹. 农地规模经营中的信任转变 [J]. 政治学研究, 2018 (1): 59-69.

[181] 王乐君, 寇广增, 王斯烈. 构建新型农业经营主体与小农户利益联结机制 [J]. 中国农业大学学报（社会科学版）, 2019 (2): 89-97.

[182] 王良健, 陈坤秋, 李宁慧. 中国县域农村人口空心化程度的测度及时空分异特征 [J]. 人口学刊, 2017 (5): 14-24.

[183] 王士海, 王秀丽. 农村土地承包经营权确权强化了农户的禀赋效应吗？——基于山东省117个县（市、区）农户的实证研究 [J]. 农业经济问题, 2018 (5): 92-102.

[184] 王修华. 乡村振兴战略的金融支撑研究 [J]. 中国高校社会科学, 2019 (3): 35-43.

[185] 王亚华, 张鹏龙, 胡羽珊. 乡村治理: 社会保障如何影响农民集体行动 [J]. 学术研究, 2022 (7): 75-83, 177-178.

[186] 王轶, 陆晨云. 财政扶持政策能否提升返乡创业企业创新绩效？——兼论企业家精神的机制作用 [J]. 产业经济研究, 2022 (4): 59-71.

[187] 韦家华, 连漪. 乡村振兴评价指标体系研究 [J]. 价格理论与实践, 2018 (9): 82-85.

[188] 卫兴华. 科学把握生产力与生产关系研究中的唯物史观——兼评"生产关系决定生产力论"和"唯生产力标准论" [J]. 清华政治经济学报, 2014 (1): 3-25.

[189] 魏后凯. 加快推进农村现代化的着力点 [J]. 中国农村经济, 2021 (4): 8-11.

[190] 温铁军. 新农村建设要实现"三新"[N]. 人民日报, 2005-10-31.

[191] 温忠麟, 叶宝娟. 中介效应分析: 方法和模型发展[J]. 心理科学进展, 2014 (5): 731-745.

[192] 文丰安. 全面实施乡村振兴战略: 重要性、动力及促进机制[J]. 东岳论丛, 2022 (3): 5-15.

[193] 吴晓婷, 杨锦秀, 曾建霞. 土地确权颁证减少农地撂荒的区位差异与时间效应——基于农地流转的机制分析与实证检验[J]. 西部论坛, 2021 (1): 113-124.

[194] 吴宣恭. 论作为政治经济学研究对象的生产方式范畴[J]. 当代经济研究, 2013 (3): 1-10.

[195] 吴易风. 论政治经济学或经济学的研究对象[J]. 中国社会科学, 1997 (2): 52-65.

[196] 武舜臣, 曹丹丘, 李乾. 抉择中的土地流转与土地托管: 优劣之分还是条件差异?[J]. 江苏大学学报 (社会科学版), 2019 (4): 58-66, 76.

[197] 武舜臣, 钱煜昊, 于海龙. 农业参与模式与农业规模经营稳定性——基于工地规模经营与服务规模经营的比较[J]. 经济与管理, 2021 (1): 30-35.

[198] 夏玉莲, 匡远配. 新型农业经营主体的减贫效应及其差异[J]. 华南农业大学学报 (社会科学版), 2022 (3): 25-36.

[199] 项继权, 周长友. "新三农"问题的演变与政策选择[J]. 中国农村经济, 2017 (10): 13-25.

[200] 谢地, 李梓旗. "三权分置"背景下农村土地规模经营与服务规模经营协调性研究[J]. 经济学家, 2021 (6): 121-128.

[201] 谢地, 宋冬林, 孔晓. 政治经济学 (第五版) [M]. 北京: 高等教育出版社, 2019.

[202] 谢地, 苏博. 数字普惠金融助力乡村振兴发展: 理论分析与实证检验[J]. 山东社会科学, 2021 (4): 121-127.

[203] 星焱. 农村数字普惠金融的"红利"与"鸿沟"[J]. 经济学家, 2021 (2): 102-111.

[204] 熊柴, 蔡继明, 刘媛. 城乡融合发展与土地制度改革[J]. 政治经济学评论, 2021 (5): 107-138.

[205] 徐腊梅, 马树才, 李亮. 我国乡村发展水平测度及空间关联格局分析——基于乡村振兴视角[J]. 广东农业科学, 2018 (8): 142-150.

[206] 徐学庆. 乡村振兴战略背景下乡风文明建设的意义及其路径[J]. 中州学刊, 2018 (9): 71-76.

[207] 许冰, 来逢波. 高铁网络、高端服务业集聚与区域创新——基于中国地级城市层面的经验证据[J]. 贵州师范大学学报(社会科学版), 2022 (3): 97-106.

[208] 许彩华, 余劲. "三权分置"背景下土地流转的收入效应分析——基于粮食主产区3省10县的农户调查[J]. 华中农业大学学报(社会科学版), 2020 (1): 18-27, 162.

[209] 许庆, 陆钰凤. 非农就业、土地的社会保障功能与农地流转[J]. 中国人口科学, 2018 (5): 30-41.

[210] 许庆, 尹荣梁, 章辉. 规模经济、规模报酬与农业适度规模经营——基于我国粮食生产的实证研究[J]. 经济研究, 2011 (3): 51-71.

[211] 许山晶, 尹晓青. 我国农村秸秆资源利用的综合效应评价[J]. 重庆社会科学, 2021 (2): 19-32.

[212] 许水平, 尹继东. 中介效应检验方法比较[J]. 科技管理研究, 2014 (18): 203-205, 212.

[213] 闫周府, 吴方卫. 从二元分割走向融合发展——乡村振兴评价指标体系研究[J]. 经济学家, 2019 (6): 90-103.

[214] 严金明, 蔡大伟, 夏方舟. 党的十八大以来农村土地制度改革的进展、成效与展望[J]. 改革, 网络首发, 2022-06-02.

[215] 杨阿维, 李昕, 叶晓芳. 西藏乡村振兴指标体系构建及评价[J]. 西藏大学学报(社会科学版), 2021 (3): 185-193.

[216] 杨春华. 适度规模经营视角下的农地制度创新——相关改革试点情况的调查与思考 [J]. 农村经济, 2018 (9): 83-86.

[217] 杨广亮, 王军辉. 新一轮农地确权、农地流转与规模经营——来自CHFS的证据 [J]. 经济学（季刊）, 2022 (1): 129-153.

[218] 杨俊. 我国农地适度规模经营研究进展 [J]. 湖北经济学院学报（人文社会科学版）, 2016 (11): 26-28.

[219] 杨子, 马贤磊, 诸培新, 马东. 土地流转与农民收入变化研究 [J]. 中国人口·资源与环境, 2017 (5): 160-169.

[220] 杨子, 饶芳萍, 诸培新. 农业社会化服务对土地规模经营的影响——基于农户土地转入视角的实证分析 [J]. 中国农村经济, 2019 (3): 82-95.

[221] 姚树荣, 赵茜宇, 曹文强. 乡村振兴绩效的地权解释——基于土地发展权配置视角 [J]. 中国农村经济, 2022 (6): 23-44.

[222] 叶兴庆. 新时代中国乡村振兴战略论纲 [J]. 改革, 2018 (1): 65-73.

[223] 于法稳. 新时代农业绿色发展动因、核心及对策研究 [J]. 中国农村经济, 2018 (5): 19-34.

[224] 于金富. 生产方式变革是建设社会主义新农村的基础工程 [J]. 经济学家, 2007 (4): 103-107.

[225] 于金富. 生产方式理论：经典范式与现代创新 [J]. 经济学家, 2015 (10): 5-10.

[226] 曾博. 乡村振兴视域下工商资本投资农业合作机制研究 [J]. 东岳论丛, 2018 (6): 149-156.

[227] 曾向东, 唐启国. 现代农业财政支持体系研究 [M]. 南京: 东南大学出版社, 2013.

[228] 张广辉, 方达. 农村土地"三权分置"与新型农业经营主体培育 [J]. 经济学家, 2018 (2): 80-87.

[229] 张广辉, 魏建. 农民土地财产权利与人口城镇化 [J]. 学术月刊, 2016 (3): 57-65.

[230] 张广庆，刘永文，汪磊．乡村振兴背景下农村土地经营权抵押贷款风险研究［J］．金融理论与实践，2021（5）：50－59．

[231] 张广胜，田洲宇．改革开放四十年中国农村劳动力流动：变迁、贡献与展望［J］．农业经济问题，2018（7）：23－35．

[232] 张国建，佟孟华，李慧，陈飞．扶贫改革试验区的经济增长效应及政策有效性评估［J］．中国工业经济，2019（8）：136－154．

[233] 张国林，何丽．土地确权与农民财产性收入增长［J］．改革，2021（3）：121－133．

[234] 张海鹏，郜亮亮，闫坤．乡村振兴战略思想的理论渊源、主要创新和实现路径［J］．中国农村经济，2018（11）：2－16．

[235] 张红宇．乡村振兴与制度创新［J］．农村经济，2018（3）：1－4．

[236] 张红宇．中国现代农业经营体系的制度特征与发展取向［J］．中国农村经济，2018（1）：23－33．

[237] 张建雷，席莹．关系嵌入与合约治理——理解小农户与新型农业经营主体关系的一个视角［J］．南京农业大学学报（社会科学版），2019（2）：1－9，155．

[238] 张洁．乡村振兴战略的五大要求及实施路径思考［J］．贵州大学学报（社会科学版），2020（5）：61－72．

[239] 张林，温涛．数字普惠金融如何影响农村产业融合发展［J］．中国农村经济，2022（7）：59－80．

[240] 张露，罗必良．小农生产如何融入现代农业发展轨道？［J］．经济研究，2018（12）：144－160．

[241] 张露，杨高第，李红莉．小农户融入农业绿色发展：外包服务的考察［J］．华中农业大学学报，2022（4）：53－61．

[242] 张强，张怀超，刘占芳．乡村振兴：从衰落走向复兴的战略选择［J］．经济与管理，2018（1）：6－11．

[243] 张舒平．新农村建设进程中的和谐"两委"关系分析［J］．山东社会科学，2007（9）：93－95．

[244] 张挺,李闻榕,徐艳梅.乡村振兴评价指标体系构建与实证研究[J].管理世界,2018(8):99-105.

[245] 张彤玉,张桂文.政治经济学(资本主义部分)[M].西安:陕西人民出版社,2019.

[246] 张晓山.实施乡村振兴战略的几个抓手[J].人民论坛,2017(33):72-74.

[247] 赵家祥.生产方式概念含义的演变[J].北京大学学报(哲学社会科学版),2007(9):27-32.

[248] 赵金国,岳书铭.农户规模经营意愿影响因素分析研究[J].山东社会科学,2017(1):116-121.

[249] 赵明华,郑元文.近10年来山东省区域经济发展差异时空演变及驱动力分析[J].经济地理,2013(1):79-85.

[250] 赵秋倩,沈金龙,夏显力.农业劳动力老龄化、社会网络嵌入对农户农技推广服务获取的影响研究[J].华中农业大学学报(社会科学版),2020(4):79-88,177-178.

[251] 赵霞,韩一军,姜楠.农村三产融合:内涵界定、现实意义及驱动因素分析[J].农业经济问题,2017(4):49-57,111.

[252] 赵晓峰,赵祥云.新型农业经营主体社会化服务能力建设与小农经济的发展前景[J].农业经济问题,2018(4):99-107.

[253] 赵晓颖,郑军,张明月.乡村振兴战略下新型农业经营主体绿色生产行为研究——基于资本禀赋的水平、结构和互补性视角[J].农村经济,2022(1):89-97.

[254] 赵意焕.合作经济、集体经济、新型集体经济:比较与优化[J].经济纵横,2021(8):20-28.

[255] 浙江省统计局课题组.浙江乡村振兴评价指标体系研究[J].统计科学与实践,2019(1):8-11.

[256] 钟真,胡珺祎,曹世祥.土地流转与社会化服务:"路线竞争"还是"相得益彰"?——基于山东临沂12个村的案例分析[J].中国农村经济,2020(10):52-70.

[257] 周宏春,江晓. 习近平生态文明思想的主要来源、组成部分与实践指引[J]. 中国人口·资源与环境, 2019 (1): 1-10.

[258] 周力辉. 马克思恩格斯精神生产理论研究[D]. 兰州: 兰州大学, 2012.

[259] 周绍东. "互联网+"推动的农业生产方式变革——基于马克思主义政治经济学视角的探究[J]. 中国农村观察, 2016 (6): 75-85.

[260] 周绍东,李晶. 也谈"生产方式"——兼与郭冠清同志商榷[J]. 当代经济研究, 2020 (9): 59-65.

[261] 周晓敏,杨先农. 绿色发展理念: 习近平对马克思生态思想的丰富与发展[J]. 理论与改革, 2016 (5): 50-54.

[262] 周洋,侯淑婧,宗科. 基于主成分分析方法的生态经济效益评价[J]. 统计与决策, 2018 (1): 66-69.

[263] 周振,涂圣伟,张义博. 工商资本参与乡村振兴的趋势、障碍与对策——基于8省14县的调研[J]. 宏观经济管理, 2019 (3): 58-65.

[264] 朱冬亮. 农民与土地渐行渐远——土地流转与"三权分置"制度实践[J]. 中国社会科学, 2020 (7): 123-144, 207.

[265] 朱俊峰,邓远远. 农业生产绿色转型: 生成逻辑、困境与可行路径[J]. 改革, 2022 (3): 84-89.

[266] 朱启臻. 乡风文明是乡村振兴的灵魂所在[J]. 农村工作通讯, 2017 (24): 33-34.

[267] 朱启臻. 关于乡村产业兴旺问题的探讨[J]. 行政管理改革, 2018 (8): 39-44.

[268] 左停,李卓. 自治、法治和德治"三治融合": 构建乡村有效治理的新格局[J]. 云南社会科学, 2019 (3): 49-54.

[269] Biggeri et al. Linking Small-scale Farmers to the Durum Wheat Value Chain in Ethiopia: Assessing the Effects on Production and Wellbeing [J]. Food Policy, 2018, 79 (6): 77-91.

[270] Candemir, A., Duvaleix, S. & Latruffe, L. Agricultural Cop-

pperatives and Farm Sustainability – A Literature Review [J]. Jouranal of Economic Surveys, 2021, 35 (4): 1118 – 1144.

[271] Fanasch, P. & Frick, B. What Makes Cooperatives Successful? Identifying the Determinants of Their Organizational Performance [J]. Journal of Wine Economics, 2018, 13 (3): 282 – 308.

[272] Gao et al. Influence of a New Agricultural Technology Extension Mode on Farmers' Technology Adoption Behavior in China [J]. Journal of Rural Studies, 2020, 76 (5): 173 – 183.

[273] Gezahegn et al. Big is Efficient: Evidence from Agricultural Cooperatives in Ethiopia [J]. Agricultural Economic, 2019, 50 (5): 555 – 566.

[274] Gezahegn et al. Structural and Institutional Heterogeneity among Agricultural Cooperatives in Ethiopia: Does It Matter for Farmers' Welfare? [J]. Jouranal of Agricultural and Resource Economics, 2021, 46 (2): 325 – 342.

[275] Han et al. Rural Nonfarm Sector and Rural Residents' Income Research in China. An Empirical Study on the Township and Village Enterprises After Ownership Reform (2000 – 2013) [J]. Jouruanl of Rural Studies, 2021, 82 (2): 161 – 175.

[276] Khan et al. Can Cooperative Supports and Adoption of Improved Technologies Help Increase Agricultural Income? Evidence from a Recent Study [J]. Land, 2022, 11 (3): 361.

[277] Kuang, Y. P., Yang, J. L. & Abate, MC. Farmland Transfer and Agricultural Economic Growth Nexus in China: Agricultural TFP Intermediary Effect Perspective [J]. China Agricultural Economic Review, 2022, 14 (1): 184 – 201.

[278] Li, D. P., Nanseki, T. & Takeuchi, S. Measurement of Agricultural Production Efficiency and the Determinants in China Based on a DEA Approach: A Case Study of 99 Farms from Hebei Province [J]. Journal of the Faculty of Agriculture Kyushu University, 2012, 57 (1): 235 – 244.

[279] Li, et al. Estimating Effects of Cooperative Membership on Farmers' Safe Production Behaviors: Evidence from the Rice Sector in China [J]. Environmental Science and Pollution Research, 2021, 28 (20): 25400-25418.

[280] Lin et al. Impacts of Cooperative Membership on Rice Productivity: Evidence from China [J]. World Development, 2022, 150 (2): 105669.

[281] Liu, Q., Gong, D. C. & Gong, Y. X. Index System of Rural Human Settlement in Rural Revitalization Under the Perspective of China [J]. Scientific Reports, 2022, 12 (1).

[282] Liu, Z. M., Yang, D. & Wen, T. Agricultural Production Mode Transformation and Production Efficiency: A Labor Division and Cooperation Lens [J]. China Agricultural Economic Review, 2019, 11 (1): 160-179.

[283] Mehmet. Farmers' Perception of Agricultural Cooperatives: The Case of Şanlıurfa, Turkey [J]. Ciência Rural, 2021, 51 (3).

[284] Michalek, J., Ciaian, P. & Pokrivcak, J. The Impact of Producer Organizations on Farm Performance: The Case Study of Large Farms from Slovakia [J]. Food Policy, 2018, 75 (2): 80-92.

[285] Ofori, E., Sampson, G. S. & Vipham, J. The Effects of Agricultural Cooperatives on Smallholder Livelihoods and Agricultural Performance in Cambodia [J]. Natural Resources Forum, 2019, 43 (4): 218-229.

[286] Verhofstadt, E. & Maertens, M. Can Agricultural Cooperatives Reduce Poverty? Heterogeneous Impact of Cooperative Membership on Farmers' Welfare in Rwanda [J]. Applied Economic Perspectives and Policy, 2015, 37 (1): 86-106.

[287] Wang et al. Land Use Transitions and Farm Performance in China: A Perspective of Land Fragmentation [J]. Land, 2021, 10 (8): 812.

[288] Wang, T. Q. & Huang, L. J. An Empirical Study on the Rela-

tionship Between Agricultural Science and Technology Input and Agricultural Economic Growth Based on E – Commerce Model [J]. Sustainability, 2018, 10 (12): 1 – 12.

[289] Xie, J. H., et al. How do Different Rural – Land – Consolidation Modes Shape Farmers' Ecological Production Behaviors? [J]. Land Use Policy, 2021, 109 (10): 105592.

[290] Yang et al. Do Cooperatives Participation and Technology Adoption Improve Farmers' Welfare in China? A Joint Analysis Accounting for Selection Bias [J]. Journal of Integrative Agriculture, 2021, 20 (6): 1716 – 1726.

[291] Zeng, X. G., Zhao, Y. N. & Cheng, Z. Y. Development and Research of Rural Renewable Energy Management and Ecological Management Information System under the Background of Beautiful Rural Revitalization Strategy [J]. Sustainable Computing: Informatics and Systems, 2021, 30 (2).

[292] Zhang, Q., Sun, Z. X. & Huang, W. Does Land Perform Well for Corn Planting? An Empirical Study on Land Use Efficiency in China [J]. Land Use Policy, 2018, 74 (5): 273 – 280.

[293] Zhou et al. Inter-provincial Differences of Technical Innovation Efficiency Among Farmer Professional Cooperatives in China [J]. Science and Public Policy, 2020, 47 (3): 410 – 424.